[redacted]

[redacted]

Tintenklecks

Das Deutschbuch

2. Klasse

Erarbeitet von
Erika Altenburg, Andrea Gersch, Thomas Heinrichs,
Bärbel Klein, Anja Schneiders, Elke Winterscheid,
Christiane Ziemann

Illustriert von
Friederike Großekettler
Wiltrud Wagner

Auer Verlag GmbH

Inhalt

Symbole

Abschreiben

Partnerdiktat

Abschreibheft

Schleichdiktat

Partnerarbeit

Gruppenarbeit

Zusatzaufgabe

Entdeckeraufgabe

Nachschlagen in der Wörterliste

Hinweise auf Seiten

Viele Texte erlauben Differenzierung: durch gelb unterlegte Textteile!

Aus den Ferien zurück
Salutations cordiales
Herzliche Grüße
Cordial greetings
Un abrazo
Liebe
heute
Grüße von der See
€ 0,51
Liebe Frau Reimer,
ich bin mit meinen
Eltern an der Nordsee.
Wir machen Camping hier.
Ich habe schon viele
Sandburgen gebaut. Sie
werden immer wieder
von den Wellen kaputt-
gemacht. Es gibt hier
nämlich Ebbe und Flut.
Davon möchte ich nach
den Ferien in der Klasse
erzählen. Viele Grüße von
Lea
Frau
Rei
Am
51

Schöne Ferien auch zu Hause

Ferienspiele – einmal anders

Stolberg. Langeweile in den Ferien, das muss nicht sein.
In der Stadt Stolberg gab es in den Ferien viele interessante Angebote für Kinder.
Eines davon war „Arbeiten mit Holz“. Mit Hammer, Säge und Nägeln stellten die Kinder lustige Tiere aus Holz her.
Zum Schluss wurden diese noch bunt angemalt und ausgestellt.
Auf die Frage, wie den Kindern diese Aktion gefallen habe, antworteten alle:
„Super! Die Zeit ist viel zu schnell vergangen!“

Sophie und das weite Meer

Sophie und Theo verbrachten einen Tag am Meer. Für Theo war es das erste Mal. „Ist es nicht wunderschön, Theo?“, fragte Sophie.

„Es ist sehr groß“, sagte Theo, „und laut.“ Vor Theos Geburt war Sophie schon mal am Meer gewesen und kannte all seine Geheimnisse.

„Ist das Wasser kalt?“, fragte Theo. „Ist es tief? Gibt es Meeresungeheuer?“ „Das Wasser ist herrlich“, sagte Sophie.

„Und es gibt weit und breit keine Meeresungeheuer. Komm rein, Theo!“ „Gleich“, sagte Theo.

„Woher kommen die Seesterne?“,
fragte Theo.
„Vom Himmel“, antwortete Sophie.
„Seesterne sind Sternschnuppen,
die fürs Meer schwärmen.“

„Hatten sie keine Angst
vorm Ertrinken?“, fragte Theo.
„Nein“, sagte Sophie.
„Sie haben alle
Schwimmen gelernt.“ …

„Kommst du, Theo?“
„Nicht grad jetzt“, sagte Theo.
„Schau mal, Theo“, rief Sophie.
„Hier ist ein Seepferdchen.“
„Können Seepferdchen wiehern?“,
fragte Theo.

„Können sie galoppieren?“
„Klar!“, rief Sophie.
„Und man kann sie sogar
ohne Sattel reiten.
Komm rein, Theo!“
„Gleeeiiich“, sagte Theo …

„Können Papageifische schwimmen?", fragte Theo.
„Oder fliegen oder kreischen sie?"
„Reicht das Meer bis an den Himmel?", fragte Theo.
„Fallen Schiffe am Rand runter?"
„Woher kommen die Wellen? Warum …?"

„Theo!!!", schrie Sophie. „Kommst du jetzt endlich ins Wasser?"
„Ja", sagte Theo.

Marie-Louise Gay

1 Theo hat viele Fragen. Welche?

2 Was antwortet Sophie?

3 Was denkst du über Theo?

4 Sophie erzählt Theo von den Seesternen.
Was könnte sie über eine Mondmuschel sagen?

Ferienerinnerungen

Mustafa erzählt:

Wir sind in den Ferien zu Hause geblieben. Meine Tante und mein Onkel aus Ägypten haben uns besucht.

Mein Vetter Ahmet war auch dabei.

Mit ihm kann man toll spielen. Wir haben zusammen ein Baumhaus gebaut.

Nachts darin schlafen durften wir nicht. Aber wir durften dort Abendbrot essen und spielen, bis es dunkel wurde.

Manchmal haben wir bis um 11 Uhr nachts mit der Taschenlampe gelesen oder uns Geschichten erzählt. Das war aufregend.

Als Mustafas Freund Tim Ahmets Buch sah, war er überrascht. In Ägypten schreiben und lesen die Menschen anders: von rechts nach links. Das Buch beginnt hinten.

ثم فكر الأصدقاء الأربعة في الطريقة التي يرعبون بها اللصوص، وأخيرا اهتدوا إلى خطة.

فوضع الحمار حافريه الأماميين على حافة النافذة.

وقفز الكلب إلى ظهر الحمار. وتسلقت القطة إلى ظهر الكلب. واعتلى الديك ظهر القطة.

فعلوا كل هذا من غير أن يسمع لهم صوت.

٢٨

Besuch aus der Stadt

Petras Eltern haben einen Bauernhof in Bayern. In den Sommerferien kommt Petras Vetter Jan aus Hamburg zu Besuch. Gleich am ersten Tag zeigt Petra ihm den Bauernhof. „Komm, jetzt gehen wir auf die Weide“, sagt Petra. Sie laufen über Wiesen, bis zu einem Zaun. Jan bleibt stehen und macht große Augen. „Sind das Stiere?“ Petra lacht. „Nein, das sind doch Kühe.“ Sie kriecht unter dem Zaun hindurch. Jan zögert. „Die sehen aber aus wie Stiere.“ „Komm, die tun uns nichts“, sagt Petra. Jan kriecht hinter Petra her. Vorsichtig nähern sie sich der ersten Kuh. Die frisst Gras und scheint die beiden gar nicht zu bemerken. „Guck, da unten kommt Milch raus“, erklärt Petra und zeigt auf das Euter. Jan guckt die Kuh genau an. Dann fragt er: „Und ihr haltet bloß die Tüten drunter?“

Manfred Mai

1 Paul und Tina haben sich gegenseitig Fragen zum Text gestellt. Findet ihr weitere Fragen?

2 Beantwortet alle Fragen.

3 Paul und Tina konnten beweisen, warum ihre Antworten richtig waren: Sie haben die Stellen im Text zeigen können. Kannst du die Stellen auch zeigen?

Wir stellen uns gegenseitig Fragen zu einem Text

Unser Partner-Fragespiel geht so:

1. Jedes Kind liest den gleichen Text still für sich.

2. Jedes Kind überlegt sich Fragen zu diesem Text.
Es können ganz einfache Fragen sein, aber auch schwere.

3. Ein Kind stellt eine Frage oder schreibt sie auf.
Das andere Kind gibt eine Antwort.

4. Jetzt wird gewechselt.

5. Wenn jedes Kind mehrere Fragen gestellt hat,
könnt ihr das Spiel beenden.

6. Wenn ihr euch bei den Antworten nicht einig seid,
zeigt die Stelle im Text oder besprecht sie in der Gruppe.

Sucht euch selbst einen Text
und stellt euch gegenseitig Fragen.

Wasser, Sand …

An der Küste der Nordsee
ändert sich der Wasserstand etwa alle sechs Stunden.
Steigt das Wasser, so spricht man von **Flut**,
fällt das Wasser, so spricht man von **Ebbe**.
Ebbe und Flut nennt man die **Gezeiten**.
Die Anziehungskraft des Mondes und der Sonne
bringt die Wassermassen auf der Erde in Bewegung.

1 Was passiert an der Küste der Nordsee?

2 Was bedeuten „Ebbe“ und „Flut“?

Steine

Der Stein

In meiner Hand
liegt ein kühler Stein.

Meine Hand
wärmt den Stein.

Meine Finger
schließen Freundschaft
mit dem Stein.

Gerd Bydlinsky

Ein Stein

Rau und spitz –
man kann sich leicht daran verletzen.

Hart und kantig –
man kann leicht darüber stolpern.

Glatt und rund –
man kann sanft darüber streicheln:
ein Handschmeichler.

Bärbel Klein

Wenn

Ich suche
einen Stein,
einen ganz
bestimmten

Wenn ich
lang genug
suche
werde ich ihn auch
finden

Wenn ich ihn dann
habe
bin ich ganz bestimmt
froh

Und wenn du fragst:
„Warum?“
Sag ich:
„Einfach nur so“

Ingrid Huber

1 Welches Gedicht gefällt dir am besten? Warum?

2 Sammle selbst Steine.
Tipp: Du kannst manche Stellen noch glätten.
Nimm zuerst grobes und dann
feineres Schmirgelpapier.

3 Schreibe einen Stein-Text,
zum Beispiel für eine Steinausstellung
oder ein Steinrätsel.

Erzählkreis

Die Klasse 2 a möchte von den Ferien erzählen.

1 Kennt ihr ähnliche Situationen?
Wie denkt ihr darüber?

Die Klasse überlegt, welche Regeln helfen können.

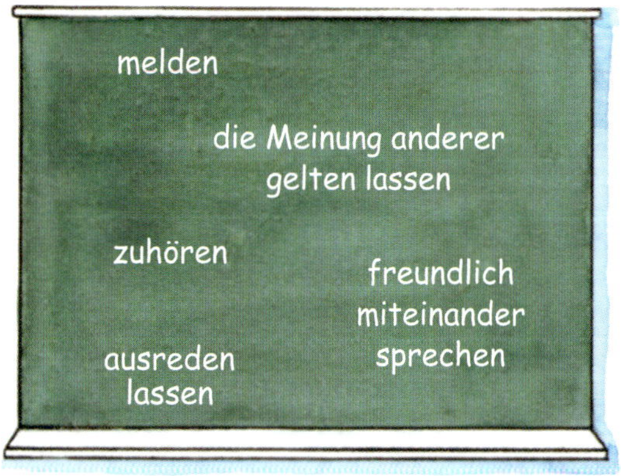

2 Welche Gesprächsregeln sind für eure Klasse wichtig?

3 Schreibt sie auf ein großes Plakat.

Unsere Gesprächsregeln

- Wir sprechen so, dass uns alle verstehen.
- …

Lernen

Viele Kinder haben in den Ferien etwas gelernt.

Ich habe Fahrrad fahren gelernt. Paul

Ich musste drei Tage üben. Dann konnte ich Kopfstand machen. Serkan

Jetzt kann ich seil-springen. Marie

Ich habe ein englisches Lied im Urlaub gelernt. Tuba

Mein Vater hat mir beigebracht, wie man auf zwei Fingern pfeifen kann. Mirko

Ich habe gelernt, wie man eine E-Mail schreibt. Anja

1 Was hast du gelernt? Male und schreibe.

2 Ihr könnt auch ein Ferien-Plakat mit euren Bildern und Texten gestalten.

Was möchtest du im 2. Schuljahr lernen?

3 Schreibe deine Wünsche auf.

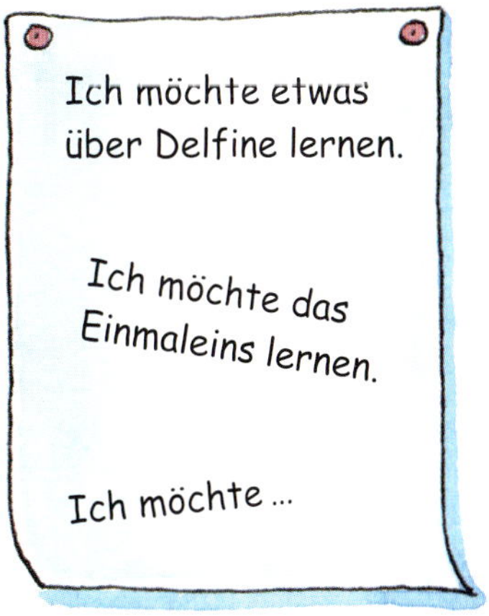

Nomen

Ferienkisten

Die Kinder der Klasse 2 b haben Erinnerungsstücke aus den Ferien mitgebracht.

1 Was liegt in deiner Ferienkiste?

2 Stellt euch solche Rätsel:
In meiner Ferienkiste liegt etwas und das ist rund …

Wörter, die Dinge bezeichnen, nennt man Nomen.
Nomen schreibt man mit einem großen Anfangsbuchstaben.

3 Schreibe die **Nomen** für die Dinge aus deiner Ferienkiste so in dein Heft: *ein Stein – der Stein, eine Muschel …*
Denke an den Anfangsbuchstaben!

Nomen können Artikel haben.
Die Artikel heißen der die das ein eine.

4 Bestimmt kennt ihr das Spiel „Kofferpacken“.
Spielt es jetzt so:

Mustafa sagt: „Ich packe meine Ferienkiste und lege einen Stein hinein.“
Teresa sagt: „Ich packe meine Ferienkiste und lege einen Stein und eine Muschel hinein.“ …

Auf der Blumenwiese

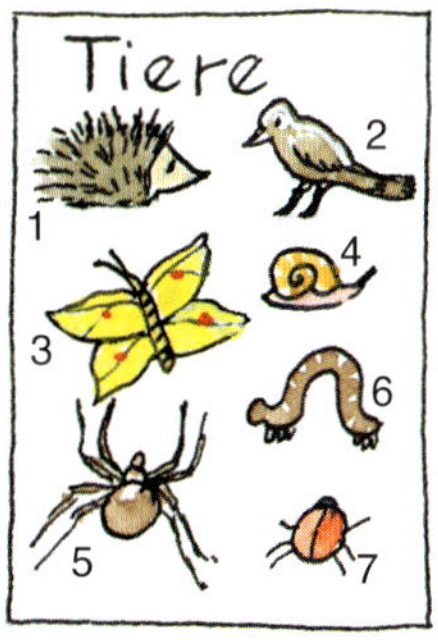

1 Igel
2 Vogel
3 Schmetterling
4 Schnecke
5 Spinne
6 Raupe
7 Käfer

8 Mohn
9 Tulpe
10 Rittersporn
11 Rose
12 Klee

1 Was siehst du auf dem Bild?
Schreibe in eine Tabelle:

Pflanzen	***Tiere***	***Personen***
der Mohn		

2 Suche noch andere Bezeichnungen für Personen, Tiere und Pflanzen.

Eine Schnecke frisst den Rittersporn.
Eine Oma beobachtet …

3 Erfinde ähnliche Sätze.
Schreibe sie auf und unterstreiche die Nomen.

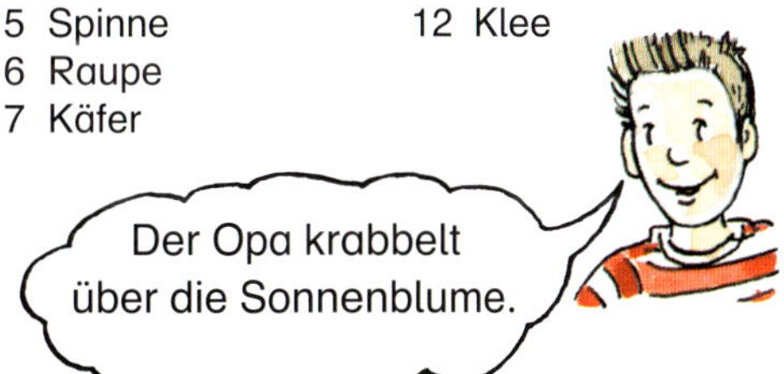

Wörter, die Personen, Tiere und Pflanzen bezeichnen, nennt man Nomen.
Nomen schreibt man mit einem großen Anfangsbuchstaben.

S. 202

Richtig abschreiben

Weißt du, wie man richtig abschreibt?

Abschreibregeln

1. **genau lesen** deutlich mitsprechen
2. **besondere** Stellen **merken**
3. Wort (Text) **abdecken**
4. Wort (Text) **schreiben** und mitflüstern
5. **genau vergleichen**
6. **richtig:** ✓

   falsch:
   durchstreichen: ~~Feriem~~
   neu schreiben: Ferien

Das sind unsere **Lernwörter**:

Ferien, Sand, Meer, Sommer, Wind, Stein, Kuh, Gras

1 Schreibe die Wörter ab.

2 Wo sind für dich schwierige Stellen? Markiere sie.

3 Schreibe den Text ab.

4 Wo gibt es noch Steine?

S. 194

Lernwörter-Training

2 Ordne die Wörter nach der Länge.
Beginne mit dem kürzesten Wort.

3 Alle Lernwörter auf dieser Seite sind Nomen.
Schreibe sie mit Artikel auf.
die Ferien, …

4 Suche noch andere Nomen.
Schreibe sie auf.

5 Rate, was das heißen könnte.

6 Probiere so etwas mit Kuh und Gras.

7 Kannst du noch andere „Bilder" schreiben?

8 So ein Sommer

Die Kuh macht Ferien.
Sie badet im Meer.
Dann liegt sie im Sand.
Da kommt der Wind …

9 Schreibe die Geschichte weiter.

Kreuz und quer durchs ABC

Das o und alle drei e

Das o und alle drei e
gingen auf Urlaubsreise –
da knurrte das **Dnnrwttr**
nur noch merkwürdig leise.

Wie ich das Abc der Tiere lernte

Mein Onkel Ottokar
ist ein berühmter Wissenschaftler.
Im vergangenen Sommer nahm er
mich mit auf eine Forschungsreise.
Gemeinsam stiegen wir
auf die Spitzen der Weltmeere
und tauchten auf den Grund
der höchsten Berge.
Wochenlang wanderten wir
durch Urwüste und Sandwald.
Das war eine aufregende Reise!
Ich habe die Tiere der Erde
von A bis Z kennen gelernt.

Wir angelten Apfelmeisen
und Aschimmel,

beobachteten Bernstelze
und Bachhardiner,

erforschten Eichfant
und Elehörnchen,

neckten Nilhorn
und Naspferd,

fotografierten Flamaus
und Fledermingo.

Wir pirschten uns an Papguin
und Pinagei heran.

Wir suchten nach Siebenling
und Schmetterschläfer.

Ihr denkt doch nicht etwa,
ich erzähle euch **x**-beliebige Fa**x**en?
Ha! Ich war sogar in New **Y**ork
beim **Z**itterkönig
und habe **Z**aunaal gegessen!

Maria Seidemann

1 Bei der ganzen Aufregung ist einiges durcheinander geraten.
Sprecht darüber.

2 Zu einigen Fantasietieren fehlen Bilder.
Male sie selbst dazu.

3 Erfindet neue Fantasienamen für Tiere.
Ihr könnt ein Tierlexikon benutzen.

4 Stell dir vor, du gehst mit Onkel Ottokar auf Forschungsreise.
Schreibe auf, was du erlebst.

Selbstlaute und Mitlaute

Das A steht vorn im Alphabet,
obwohl's nicht immer vorne steht.
Doch bei dem schönen Worte Aal
steht es vorn und gleich zweimal.

Doch ein Wort aus nichts als A
liegt uns ganz besonders nah,
denn schon Babys rufen ja,
wenn sie müssen, laut: Aa!

Peter und Klaus Ensikat

sind Selbstlaute.

Alle anderen Buchstaben heißen Mitlaute.

Rätsel

Das U vorm h, das u dahinter
nennt uns ein Eulentier.
Schreibst du statt u jedoch ein r,

dann weißt du,
jetzt schlägt's vier!

Wie klingt das E?

Als **e** in Sonn**e**
und auch in Tonn**e**?
Als **e** in echt
und auch im Sp**e**cht?
Am Anfang beim **E**sel
ist's leicht wie bei Schn**ee**.
Doch alle zusammen:
ojemine!!

So!

Ein klitzekleiner frecher Floh
hüpft heute durch den großen Zoo
und landet ganz genau – na wo?
Natürlich auf dem Löwenpo!
Da ruft der Löwe laut: „Oho!“
Das hört der klitzekleine Floh
und zwickt den Löwen in den Po.
So!

Manfred Mai

Igel

Ein Igel geht
vor zwei Igeln.
Ein Igel geht
zwischen zwei Igeln.
Ein Igel geht
hinter zwei Igeln.

Wie viele Igel
sind das wohl?

Ute Andresen/Monika Popp

1 Suche dir einen Text aus. Lies ihn so gut, dass du ihn anderen Kindern vortragen kannst.

2 Suche Wörter mit mehr als einem gleichen Selbstlaut:
a: Salat, …
e: Elefant, …

Selbstlaut-Verse

Iiih, sagt man,
wenn man sich ekelt.
Iiih sagt,
wer beim Essen mäkelt.
Iiih ist oft ein Argument
gegen das,
was man nicht kennt.

Peter und Klaus Ensikat

1 Kennst du das Wort „mäkeln“?
Kannst du herausfinden,
was es heißen könnte?

2 Mäkelst du auch manchmal?
Erzähle oder schreibe.

3 Was bedeutet hier
das Wort „wirklich“?
Begründe deine
Meinung.

Enten, Esel, Elefant
sind wirklich
und sind uns bekannt.

Engel, Elfen oder Feen
kann man auf Bildern
oder in Träumen sehn.

Ute Andresen/Monika Popp

4 Wann sagt ihr „oh“?
Sammelt eure Ideen
auf einem Plakat.

5 Spielt die Situation vor.

Wo …

Wo uns vor Staunen
Worte fehlen,
kann dieses O
so viel erzählen.
Ob man enttäuscht ist
oder froh,
das alles sagt
ein einziges O.

Peter und Klaus Ensikat

Wir erklären uns selbst unbekannte Wörter

1. Jedes Kind liest den Text still.

2. Habt ihr beim Lesen Wörter gefunden, die ihr nicht kennt? Welche?

3. Was ihr jetzt tun könnt:
- im Text nachsehen, welche Hinweise es gibt
- über die unbekannten Wörter sprechen
- im Wörterbuch, Lexikon, ... nachschlagen
- euch im Internet informieren

Nach dem Abc ordnen

Friederike
4 26 50

Fabian
33 60 73

Felix
4 82 46

Klassenliste 2 b

Achmed	7 74 36	Hannah	6 67 19
Daniel	9 83 41	Irina	9 08 34
Dominik	7 74 88	Jonas	14 92
Esra	5 41 34	Luka	7 59 24
		Marie	6 48 23
		Mirko	

1 Legt für eure Klasse eine Telefonliste an.
Sortiert dazu eure Vornamen nach dem Abc.

2 Vergleicht eure Liste mit einem Telefonbuch. Was stellt ihr fest?

3 Wo wird sonst noch nach dem Abc geordnet?

Abc-Rap

A B C D E
wenn ich die Sonne seh,

mit F G H und I
ich in den Schatten zieh.

J K L M N O
dort bin ich dann ganz froh.

P Q R S T U
und mach die Augen zu.

V W X Y Z
ach, wär das super,
wenn ich
jetzt noch
eine Limo hätt!

Bärbel Klein

1 Probiert, dieses Lied als Rap zu sprechen.
Überlegt euch Schnips- und Klatschbewegungen dazu.
Oder habt ihr andere Ideen?

2 Lernt den Rap auswendig.

3 Das Abc muss man kennen.
Schreibe in dein Heft: *A, B, C, …*
a, b, c, …

4 Lerne das Abc auswendig.
Wie merkst du es dir am besten?

Detektiv Blitz auf Buchstabenjagd

Den ganzen Tag klingelt bei Detektiv Blitz das Handy.
Eine Serie von Verbrechen beunruhigt die Stadt.
Soeben wurde im KINO das I gestohlen!
Mit seinem Roller rast Blitz zum Tatort.
„Ich muss das KNO schließen“,
jammert der KNO-Besitzer.
Detektiv Blitz sucht das KNO ab und
findet keine einzige Spur.
Wieder klingelt das Handy. Ein Banküberfall!
Bei der BANK ist das A geraubt worden!

Maria Seidemann

Das Handy steht nicht mehr still. Detektiv Blitz hat viel zu tun.

1 Welche Selbstlaute wurden hier geraubt?
Schreibe die Nomen richtig in dein Heft.

2 Hier hat der Detektiv noch mehr zu tun.
Hilf ihm, die Wörter zu erraten. Schreibe sie auf.

Bl□m□
H□mm□r
K□nd□r
N□g□l
F□ßb□ll

S□nn□
T□ll□r
M□sch□l
F□d□r
W□ss□r

3 Ordne die Wörter nach dem Abc.

4 Erkennst du diese Wörter? M□s□□m □m□□s□

Buchstabenspielereien

Herr Glamek buchstabiert

Herr Glamek spricht am Telefon
mit seinem Nachbarn Peterson.

Er glaubt, dass man ihn nicht versteht,
und buchstabiert, so laut es geht:

„Herr Glamek – sprech ich denn so leise?
Ich wiederhole, stückchenweise:

Glamek –
mit G wie in Giraffe,
mit L wie Löwe,
A wie Affe,
mit M wie Möwe,
E wie Ente
und K wie Kuh –

Hallo! Ja hören Sie denn auch zu?“

Herr Peterson, der nicht versteht,
was bei Herrn Glamek vor sich geht,
der ruft:

„Hallo!
Ist dort der Zoo?“

Hans Georg Lenzen

1 Spielt das Telefongespräch.

2 Buchstabiere deinen Namen auch so.

3 Buchstabiert so auch die Lernwörter. Schreibt sie auf.

4 In unserer Sprache gibt es kein Wort ohne Selbstlaut. Stimmt das?

Partnerdiktat

S. 197

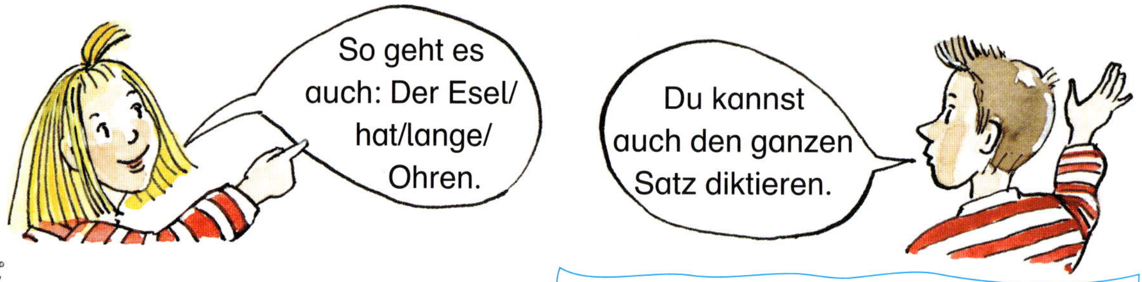

1 Schreibt den ganzen Text oder nur die Sätze im Kasten.

2 Sucht euch einen Text für ein Partnerdiktat aus.

Onkel Ottokar ist Forscher.
Er sucht ein Tier mit großen Ohren.

Der Esel hat lange Ohren.
Der Igel hat kleine Ohren.
Der Uhu hat gute Ohren.
Und die Ameise?

Wer hat denn nun große Ohren?

Lernwörter-Training

1

2

3 Ordne die Lernwörter nach dem Abc.

4 Suche dir Lernwörter aus.
Bilde Sätze.

5 Schreibe einen Satz, in dem mindestens
drei Lernwörter vorkommen.

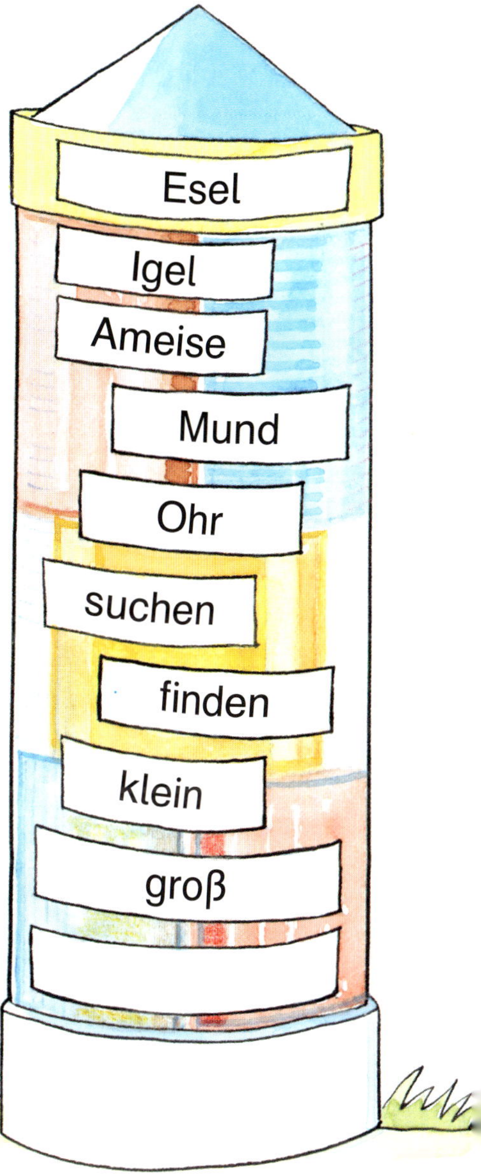

6 Welche drei Wörter passen in jeder Zeile zusammen?
Schreibe sie auf.

Esel	Baum	Igel	Ameise
Mund	Ohr	Hund	Hand
klein	dick	laufen	groß
finden	sammeln	suchen	schlafen

7 Erfinde ähnliche Sätze.

Suchen und finden
Ich suche mein Heft. Ich finde es nicht.
Opa sucht die Brille. Er findet sie
unter dem Sofa.
Du suchst oft …

8 Ein Fall für Bruno Blitz

Bruno Blitz findet ein kleines „und".
Er sucht weiter.
Er findet noch ein großes M und ein großes H.
Er macht daraus einen Hund und einen
________ .

Treffpunkt Schule

Witze

In der Schule klingelt das Telefon und eine Stimme sagt: „Ich möchte den Schüler Hannes Meier entschuldigen.“
„Mit wem spreche ich denn?“, fragt der Schulleiter.
„Mit meinem Vater.“

Kurt ist ein richtiger Zappelphilipp.
„Was willst du denn einmal werden?“, fragt ihn der Lehrer.
„Pilot!“, erklärt Kurt.
„Da bin ich ja beruhigt, da bist du dann wenigstens angeschnallt!“

Ohne mich

Auf dem Frühstückstisch
liegt ein Heft.
Lenes Heft!
Und Lene ist schon weg.
Peter steckt das Heft ein
und rennt los.

Die Großen aus Lenes Klasse
spielen auf dem Schulhof.
Ein Junge sagt: „Kleine
können wir nicht brauchen.
Verschwinde!“

Aber Peter verschwindet nicht.
Er zwängt sich durch
und gibt Lene das Heft.
„Meine Hausaufgaben!
Du bist ein Schatz!“,
schreit Lene.

Der Junge klopft Peter
auf die Schulter und sagt:
„Ich vergesse dauernd mein Heft.
So einen kleinen Bruder
könnte ich sehr gut brauchen.
Willst du nicht zu mir kommen?“

Peter schüttelt den Kopf.
„Ohne mich kommt Lene
nicht klar“, sagt er.

Frauke Nahrgang

Manege frei für Olivia

Das ist Olivia.
Olivia soll in der Schule erzählen,
was sie erlebt hat.

… Sie wird immer rot,
wenn sie vor vielen Leuten steht.

„Einmal ist Mama mit Ian und mir
in den Zirkus gegangen“, sagt sie.
„William konnte nicht mit.
Er muss ja noch Mittagsschlaf machen.

Aber als wir hinkamen,
war keiner von den Zirkusleuten da.
Sie hatten alle Mittelohrentzündung.

Zum Glück wusste ich, wie man alles macht.

Zuerst war ich Olivia, die Tätowierte Dame.

Die Bilder hab ich mit Filzstift draufgemalt.

Dann war ich Olivia, die Löwenbändigerin,

und Olivia, die Seiltänzerin,

und ich bin Stelzen gelaufen

und habe jongliert

und war Olivia, der Clown,

und bin Einrad gefahren.

Danach war ich noch die Fliegende Olivia

und Olivia, die Königin des Trampolins,

und am Schluss Madame Olivia
mit ihren Dressur-Hunden.
Besonders dressiert waren die aber nicht.

So war das, als ich den Zirkus gerettet hab.
Und jetzt bin ich berühmt.

Und einmal ist mein Papa
auch mit mir segeln gefahren.
ENDE."

„Stimmt das auch, Olivia?",
fragt Olivias Lehrerin.
„So ziemlich", sagt Olivia.
„Alles?"
„So ziemlich alles."
„Bist du sicher, Olivia?"
„Soweit ich mich erinnern kann."

Hochzufrieden fährt Olivia nach Hause.

„Wie war die Schule heute, mein Schatz?",
fragt Olivias Mama.
Das fragt sie immer.
„Schön", sagt Olivia.
„Was habt ihr gemacht?"
„Nichts."

Ian Falconer

Hier findest du die ganze Geschichte.

1 Lies den Abschnitt von Zeile 16 bis Zeile 26 genau.

2 Spiele eine Zirkusnummer ohne Worte vor. Lass die anderen raten.

Hexe Lilli zaubert Hausaufgaben

Lilli ist keine richtige Hexe, sondern ein normales Schulkind. Aber sie kann zaubern. Genauso wie viele Kinder hat sie auch manchmal keine Lust, Hausaufgaben zu machen.

Leider darf Lilli erst draußen spielen, wenn sie die Aufgaben erledigt hat. Also muss sie schreiben und vor allem rechnen. Sie murmelt vor sich hin und starrt nach oben. Stehen die Rechenaufgaben vielleicht an der Zimmerdecke?

Plötzlich lächelt Lilli. Weiß sie die Lösung? Nein, sie hat eine Idee! Sie denkt: Warum soll ich rechnen, wenn ich ein Hexenbuch habe? Bestimmt ist ein Zauberspruch drin, mit dem ich Hausaufgaben zaubern kann.

Schnell schließt Lilli
ihre Zimmertür
und klemmt eine Stuhllehne
unter die Türklinke.
So ist die Tür versperrt.
Niemand kann herein.
Das muss sein!

Denn Lilli will beim Zaubern
nicht gestört werden.
Nun holt sie
das dicke, schwere Hexenbuch
aus dem Versteck
und schlägt es auf.

Alles scheint zunächst ganz einfach, bis …

Knister

1 Schreibe die Geschichte weiter.

2 Lest euch eure Texte gegenseitig vor.

Lilli gerät beim Zaubern ganz schön ins Schwitzen.
Was ihr sonst noch alles passiert,
das erzählt Knister in seinem Buch
„Hexe Lilli zaubert Hausaufgaben“.
Vielleicht hast du Lust, dort weiterzulesen.

Übrigens: Die Bücher über Hexe Lilli
können die Kinder auch
in anderen Ländern lesen.

S. 74/75

Immer diese Hausaufgaben

Julia kommt
ganz außer Atem
von der Schule.
Schon von draußen
ruft sie laut:
„Mama,
ich mache heute
keine
Hausaufgaben!“

Und drinnen
sagt sie: „Und wenn du
noch so böse
wirst!
Ich mache heute
keine
Hausaufgaben!“

Julias Mama
ist besorgt: „Aber Julia,
das geht doch nicht!
Jedes Kind muss
seine Hausaufgaben
machen!
Du vergisst doch
sonst alles,
was du
gelernt hast!“

„Nein, Mama,
ich mache heute
keine
Hausaufgaben!“

Die Mama
schlägt vor:
„Komm,
lass uns
erst mal essen!
Nach dem Essen
sehen wir weiter.“

Aber da lacht Julia
ihre Mama an
und ruft: „Ich mache heute
keine
Hausaufgaben,
weil
wir keine
aufhaben!“

Gudrun Spitta

1 Wie ist es bei euch mit den Hausaufgaben?
Sprecht darüber.

2 Lest den Text mit verteilten Rollen.
Lest nur die Sätze, die Julia und ihre Mutter wirklich sprechen.
Was in den anderen Sätzen steht, muss man an eurer Stimme merken.

3 Spielt die Geschichte vor.
Sprecht mit eigenen Worten.
Die „Sprache“ eurer Hände, eure Körperhaltung und eure Art des Sprechens sind dabei wichtig.

Wir spielen eine Geschichte vor

1. Jedes Kind liest den Text still für sich.
   Wer fertig ist, überlegt schon, wie man den Text vorspielen kann.

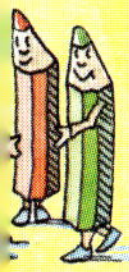

2. Entscheidet, welches Kind welche Rolle spielt.
   Wo spielt die Geschichte?
   Was passiert?

3. Spielt die Geschichte aus dem Gedächtnis.
   Sprecht mit eigenen Worten.

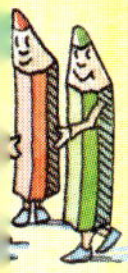

4. Stimmt das Spiel mit der Geschichte überein?

Sucht gemeinsam
einen Text aus,
den ihr spielen wollt.
Ihr könnt eine Geschichte
aus diesem Buch
oder aus einem anderen
Buch wählen.

Peter kann nicht lesen

Peter kann nicht lesen.

Auch wenn er ein Bild mit einem Löwen sieht,
sagt er nicht Löwe,
er sagt nichts.

Er versucht es immer wieder,
aber er erinnert sich an nichts.

Er sitzt oft ganz still und wartet,
manchmal weint er.

Aber beim Rechnen ist er großartig.
Ganz schnell rechnet er.

Und die Lehrerin sagt:

„Wer so gut rechnen kann,
der kann auch lesen."

„Eben **das** kann ich nicht",
denkt Peter.

Antoinette Becker

1 Stellt euch gegenseitig Fragen zum Text.

S. 11

2 Was kannst du gut – was möchtest du besser können? Schreibe es auf.

Sofie-Geschichten zur Auswahl

Sofie setzt sich auf ein Marmeladenbrot

Olli und die anderen Jungen müssen Sofie nachrennen. Keiner kriegt sie. Nun ist sie müde. Sie setzt sich auf die Mauer. Das tut sie oft. Da sitzt sie gut. Jetzt sitzt sie schlecht. Sie sitzt weich und klebrig. Sie steht auf und guckt. Ein Marmeladenbrot! Ihre Hose klebt. In der Klasse setzt sie sich nicht hin. Frau Heinrich fragt: „Warum bleibst du stehn, Sofie?“ Sofie sagt: „Ich habe Marmelade am Popo.“ Alle lachen. Frau Heinrich putzt die Hose mit einem nassen Lappen. Sie sagt: „Eine nasse Hose ist nicht schlimm. Aber Brot liegen lassen, das ist schlimm.“ Sofie setzt sich hin. Ganz vorsichtig.

Sofie muss aufs Klo

„Sofie, rutsch nicht immer so hin und her“, sagt Frau Heinrich. Aber Sofie rutscht weiter hin und her. „Musst du aufs Klo?“, fragt Frau Heinrich. Sofie nickt. „Dann geh doch!“ Sofie schüttelt den Kopf. „Auf dem Klo stinkt es.“ Frau Heinrich lacht. „Das ist euer Gestank.“ „Wir stinken nicht“, brüllt Sofie. „Ich auf jeden Fall nicht“, schreit Olli. „Wenn das Klo nicht sauber ist, stinkt es eben.“ „Das Klo ist nicht sauber“, sagt Sofie. „Dann müssen alle darauf achten, dass es sauber ist“, sagt Frau Heinrich. „Ich achte darauf“, ruft Olli. „Ich auch“, rufen alle durcheinander. „Dann weiß ich nicht, warum das Klo stinkt“, sagt Frau Heinrich.

Peter Härtling

In diesem Buch findest du noch andere Geschichten von Sofie.

Miteinander leben und lernen

1 Welche Regeln sind euch wichtig?
Entscheidet gemeinsam.

2 Wie kann es gehen?
- Sammelt Vorschläge.
- Legt eine Tabelle an.
- Kreuzt an.
- Entscheidet, welche Regeln ihr auf ein Plakat schreibt.
- Schließt einen Klassenvertrag ab.

Vorschläge	sehr wichtig	wichtig	unwichtig
ruhig durch die Klasse gehen			
Arbeitsplatz in Ordnung halten			
einander helfen			
für Klassendienste verantwortlich sein			
...			
...			

Eine gute Idee

Marie und Tina sind Freundinnen.
Aber heute in der Pause hat es Streit gegeben.
Deshalb will Marie beim Rechnen auch nicht mit ihrer Freundin zusammenarbeiten.
Sie verbaut ihren Platz mit ihrem Mäppchen und rechnet eifrig.
Tina sitzt vor ihrer leeren Seite und weiß nicht, wie sie die Aufgaben lösen soll.
Die Lehrerin steht gerade bei David. Hilfe suchend guckt Tina sich um. Marie sieht das.
Wortlos legt sie ihr Mäppchen unter ihren Tisch, holt ihre Rechenplättchen aus der Schultasche und gibt sie Tina.
Beide lächeln sich an.

Klassenvertrag der Klasse 2 a:

1. Wir schlichten Streit mit Worten.
2. Wir gehen freundlich miteinander um.
3. Wir gehen ruhig durch die Klasse.
4. Wir helfen einander.
5. Wir lassen die Meinung anderer gelten.
6. Wir übernehmen Verantwortung für unsere Klassendienste.

Lena Jim Serkan
Max Sabrina Mirko
Tina Paul Helge

Mit deiner Unterschrift versprichst du, diese Regeln einzuhalten.

Welche Regel ist hier gemeint?

Ein Wutanfall in vielen Worten

Aliki Brandenberg

Manchmal ist es schwer, Regeln einzuhalten.
In der Klasse oder im **Klassenrat** könnt ihr versuchen, Probleme zu lösen.

1 Welche Vorschläge und Wünsche habt ihr?

2 Schreibt alles auf kleine Karten und hängt sie auf.

Nomen

Die Klasse 2 a hat nach den Ferien ein Interview mit dem neuen Hausmeister geführt. Dabei haben die Kinder etwas Erstaunliches entdeckt:

Das alles passt zu Herrn Riese:

Hausmeister

Herr Riese

Michael

Vater

Schatz

Fußballer

Onkel

Bruder

Opa

Autofahrer

Erwachsener

Micha

Ehemann

Sohn

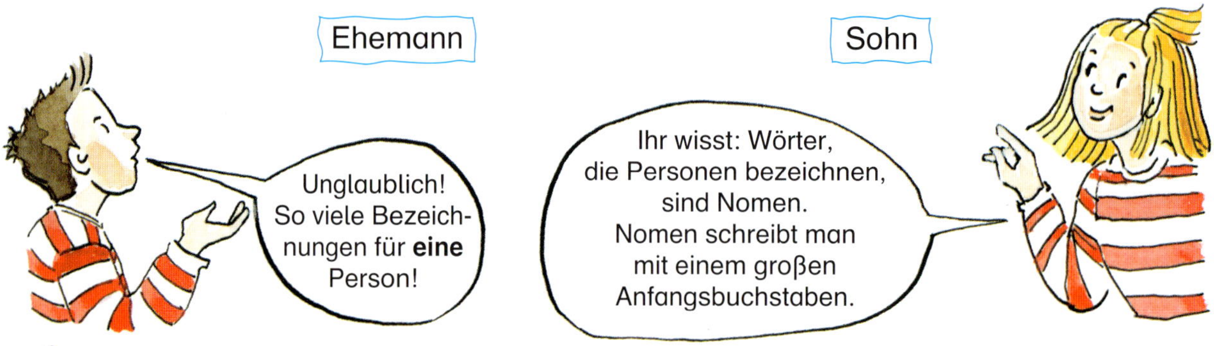

1 Erfinde solche Rätsel:
Herr Riese spielt Fußball. Er ist also ein …
Er hat eine Mutter. Er ist also ein …

2 Suche selbst möglichst viele Bezeichnungen für deinen Freund, deine Lehrerin, deine Mutter oder deinen Vater.

3 Was bist du alles?

S. 202

Im Fundbüro

Bei Herrn Riese im Fundbüro hat sich viel angesammelt.

1 Wie oft findest du diese Dinge? Schreibe so: *vier Schirme, ein …*

Schirm | Turnschuh | Jacke | Stift
Kappe | Brille | Schal | Buch
Pullover | Ball | Turnbeutel | Spitzer

Viele Nomen gibt es in der Einzahl und in der Mehrzahl.

2 Lege eine Tabelle an. Schreibe die Wörter von oben so:

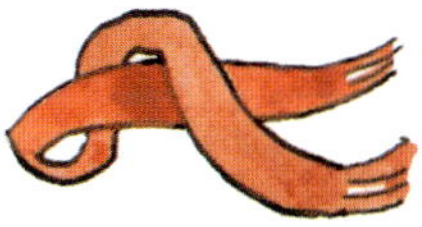

Einzahl	***Mehrzahl***
ein Schal	*viele Schals*

3 Suche weitere Nomen für die Tabelle.

4 Wie ist es mit den Nomen Milch und Knete ?
Findest du noch mehr solche Wörter?

Mach mal Pause – mach einen

Hase Harry Hurtig

1 Lies den Text.
Mach Pausen, wo ein Punkt hingehört.

Am Ende eines Satzes steht ein Punkt.
Satzanfänge schreibt man mit einem großen Anfangsbuchstaben.

Ich bin der Hase Harry Hurtig.  ein
Hobby ist Haken schlagen ____ber ich
renne auch gern ____as hält mich fit
____ch übe für unser Sportfest

2 Denke an die Punkte und Satzanfänge.

Punkte … Punkte … Punkte …

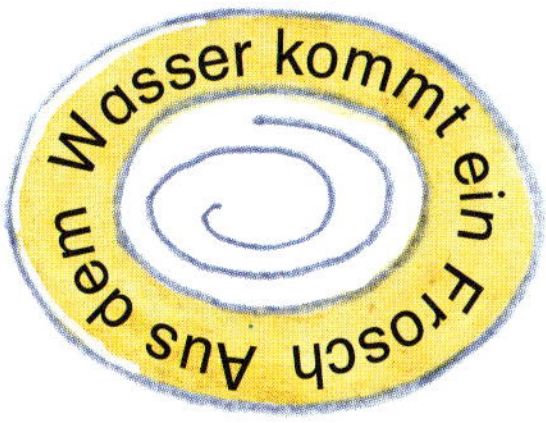

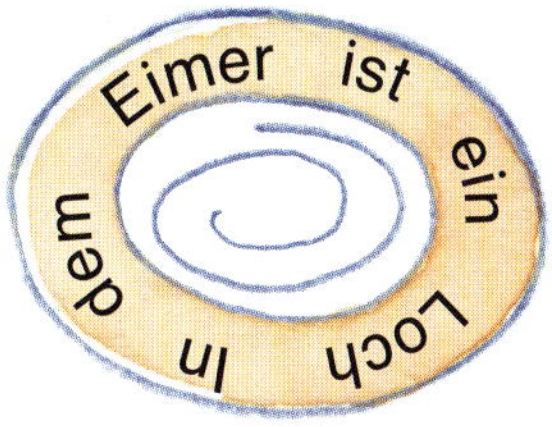

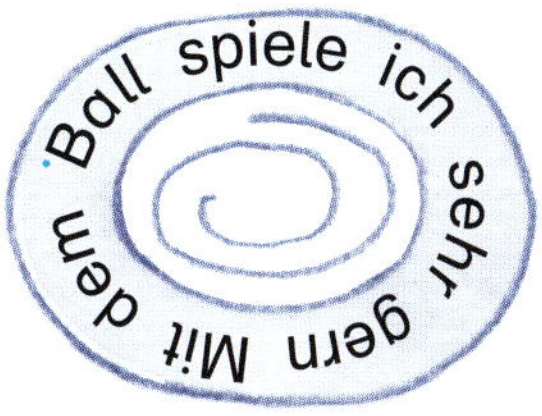

1 Wo ist der Start? Wo ist das Ziel? Schreibe die Sätze auf.

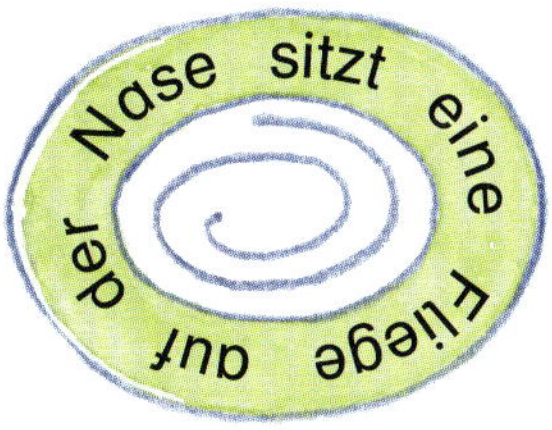

2 Jetzt wird es schwerer. Weißt du, warum? Schreibe.

In der Turnhalle

am Dienstag haben wir immer Sport am liebsten spielen wir alle Hase und Jäger wir hätten gern jeden Tag Sport

3 Alle Punkte fehlen.
Lies den Text mit richtigen Pausen.
Schreibe ihn auf. Achte auf die Satzanfänge.

Aufgepasst!

Hexe Lilli zaubert in der Pause mit dem Zauberstab gelingt ihr das schon gut

Anton spielt morgen Fußball mit Thomas hat er das beschlossen

Tom spielt mit Opa im Garten mit anderen macht es mehr Spaß

4 Findest du das richtige Satzende? Schreibe die Sätze.

Nur Nomen und Satzanfänge werden mit einem großen Anfangsbuchstaben geschrieben.

Mirós Punkte

1 Dies ist ein Bild von dem spanischen Künstler Joan Miró.
Was entdeckst du?

Punkte

Punkte findet man überall der Künstler Miró hat ein Bild mit Punkten gemalt auch ein Marienkäfer hat viele Punkte manche Kinder haben Punkte im Gesicht diese Punkte heißen .

2 Setze Punkte.

So hätte Miró vielleicht diese Regel geschrieben:

Pausen

Singt der Gong
MACHT PAUSE, PAUSE,
hör ich,
dass er viel verspricht.

Singt der Gong
AUS IST DIE PAUSE,
höre ich ihn
manchmal nicht.

Ute Andresen

1 Übe das Gedicht und trage es vor.
Wo veränderst du deine Stimme?

2 Lerne das Gedicht auswendig.

Ich klettere gerne
und spiele gerne.
Ich spiele Fangen,
Fußball und sogar
auf der Kletter-
spinne.
Das macht mir
am meisten Spaß.
Die Pause ist Klasse,
weil man da schreien
und reden kann.
Linda

Ich spiele mit meinen
Freunden Fußball.
Manchmal
mache ich einen
Kopfball.
Wenn ich das erste
Tor schieße,
steht es 1:0.
Leider ist die Pause
immer viel zu
schnell zu
Ende. Serkan

3 Was passiert
bei dir in der Pause?
Was gefällt dir?
Was stört dich?

4 Schreibe einen Pausentext.
Achte auf die Punkte.

In der Schule – nach der Schule

In der Klasse	lernen wir.
In der Pause	rennen und spielen wir gern.
Am Nachmittag	machen wir immer Hausaufgaben.
Im Bett	schlafen wir immer.

1 Bilde Spaßsätze.
Schreibe sie auf.

2 Diktiert euch gegenseitig eure Spaßsätze.

3 Klasse   gehen   Pause   spielen

Suche diese Wörter in der Wörterliste.
Schreibe sie mit den anderen Wortformen ab:
die Klasse, die Klassen
gehen, du gehst, er geht

4 Suche andere Lernwörter.

Schreibe wie in Aufgabe 3.

Lernwörter-Training

1 

2 

3 

4 Ordne die Lernwörter nach dem Abc.

5 Ordne die Lernwörter nach der Länge.
Beginne mit dem kürzesten Wort.

6 Suche dir Lernwörter aus.
Bilde Sätze.

7 Von welchen Lernwörtern kannst du
Einzahl und Mehrzahl bilden?
eine … – viele …

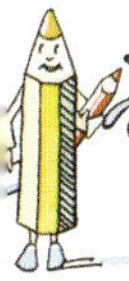

8 Welcher Satz stimmt für dich?

Gern oder nicht gern?

Ich gehe gern in die Schule.
Ich gehe nicht gern in die Schule.

Ich spiele gern in der Pause.
Ich spiele nicht gern in der Pause.

Ich mache gern Hausaufgaben.
Ich mache nicht gern Hausaufgaben.

Ich renne gern durch die Klasse.
Ich renne nicht gern durch die Klasse.

Ich möchte gern Judo lernen.
Ich möchte nicht gern Judo lernen.

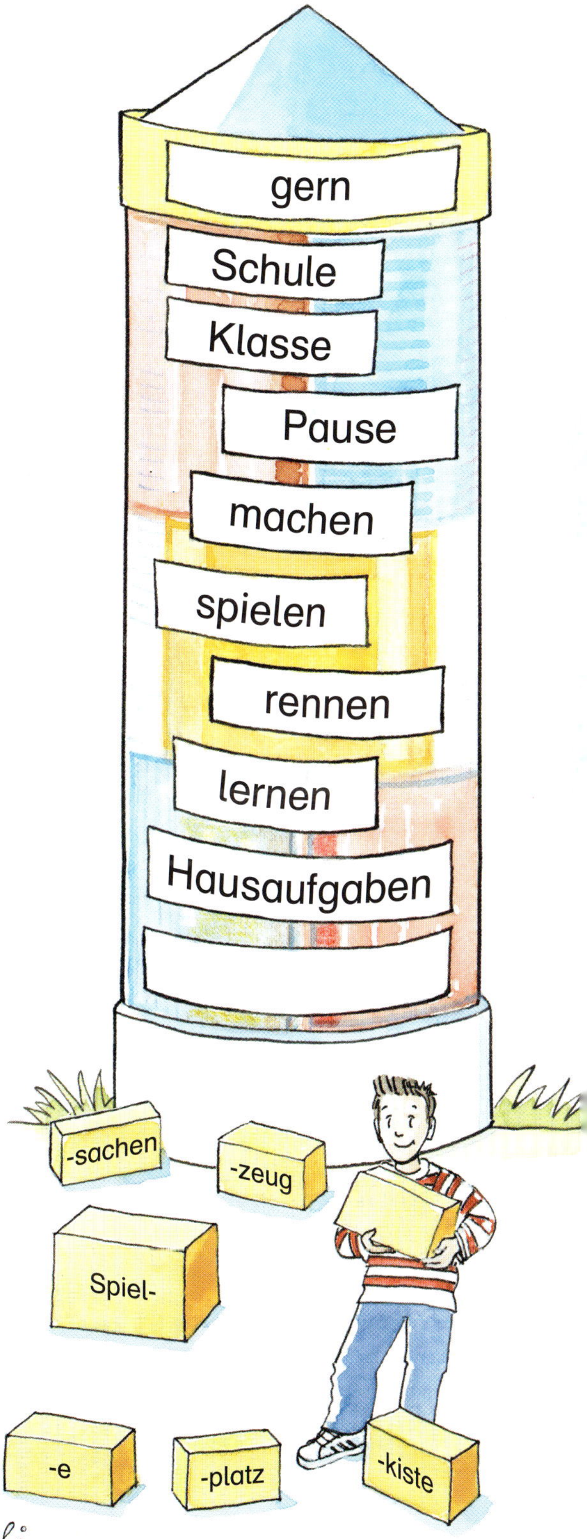

S. 203

9 Baue Wörter.
Bilde Sätze mit diesen Wörtern.

Irgendwie anders

Die Gisa hat 'nen Lockenkopf
und kaffeebraune Haut,
ein langes weißes Schnuffeltuch
und schreien kann sie laut.
Der Ole trägt 'ne Brille und hat
Haare, blond wie Stroh.
Er singt den ganzen Tag
aus voller Kehle irgendwo
und eines Tags hört
man ihn bestimmt
im Radio.

Das eine Kind ist so,

Refrain: Zum Glück gibt's zwischen Kindern
so manchen Unterschied,
sonst wär die Langeweile groß
und es gäb bestimmt nicht dieses Lied.
Das eine Kind ist so, das andre Kind ist so,
doch jedes Kind ist irgendwann geboren irgendwo.
Das eine Kind ist groß, das andre Kind ist klein,
doch jedes Kind will träumen und vor allem glücklich sein,
vor allem glücklich sein.

Muhammed hat grad Deutsch gelernt,
und Türkisch kann er auch,
und wenn er seine Witze reißt,
liegt alles auf dem Bauch.
Su Wong, die kann Karate
und besiegt den stärksten Mann.
Sie legt ihn auf den Rücken,
schneller, als er gucken kann,
und ihre großen Augen
sehn ihn dabei lachend an.

das andre Kind ist so!

Maria kommt aus Griechenland,
Rodrigo aus Peru,
ich komm aus Hamburg-Altona,
na, und woher kommst du?
Die Welt ist groß,
und überall gibt's Kinder so wie dich,
und jedes sucht auf seine Art
den Sonnenschein für sich,
und jedes sucht auf seine Art
den Sonnenschein für sich.

Rolf Zuckowski

Nisse beim Friseur

Nisse soll zum Friseur gehen.
Mama sagt,
Nisse muss fein aussehen
zur Abschlussfeier in der Schule.
Dann geht sie einkaufen.

Nisse muss warten,
bis er an die Reihe kommt.
Er blättert in Zeitschriften.
Die Bilder sind langweilig.
Nein, ein Bild ist toll.

Jetzt ist Nisse dran.
„So wie hier!“, sagt Nisse.

„Hm“,
macht der Friseur.

Dann fängt er an zu schneiden.
Er schneidet und kämmt und
schneidet …

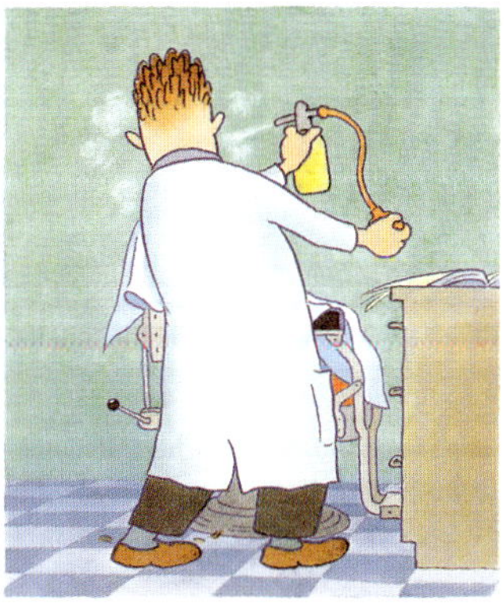

… und kämmt und schneidet
und sprayt.

Jetzt ist Nisse fertig.
Es ist genau so geworden,
wie er es haben wollte.

„Oje!“, sagt Mama.

Nisse ist zufrieden.
Aber jetzt müssen sie schnell
zur Abschlussfeier.
Die fängt gleich an.

Mama und Nisse laufen
das letzte Stück.
Sie schaffen es gerade noch …

Olof und Lena Landström

Was sagen die anderen Kinder?

1 Was erlebt Nisse in der Schule?
Schreibe auf, wie die Geschichte weitergeht.

2 Wie würdest du dich fühlen,
wenn du mit einer ganz besonderen Frisur
in die Schule kommen würdest?
Sprecht darüber.

Die Lokomotivführerin

Ich wurde 1963 in Günzburg geboren.
Ich gehöre zu einer richtigen „Eisenbahnerfamilie“.
Mein Vater, mein Schwiegervater und mein Mann
arbeiten bei der Eisenbahn. Und ich?
Ich habe schon als Kind manchmal überlegt,
was ich später einmal werden will.
Ich fand den Beruf meines Vaters gut.
Er war Lokomotivführer.
Nach der Schule habe ich erst
eine Ausbildung bei der Eisenbahn gemacht.
Danach wollte ich Lokomotivführerin werden.
Dazu musste ich einen Lehrgang machen.
Ich war die einzige Frau in der Ausbildungsgruppe …
Ich habe alle Prüfungen und die Führerscheine
für jeden einzelnen Typ von Elektro- und Diesel-Loks
auf Anhieb geschafft!
So wurde ich die erste Lokomotivführerin
im Norden Deutschlands!
Ich finde es toll, vorne in der Lok zu sitzen.
Da bin ich ganz allein.
Ich hab ein Gefühl von Freiheit.
Und niemand redet mir hinein.
Wenn ich beim Halt am Bahnhof
aus der Lokomotive schaue,
dann gucken die Leute
manchmal neugierig.
Vor einiger Zeit kam
ein älterer Mann zu mir und sagte:
„Eine Frau in der Lok –
das finde ich toll.“

Diana Jäger

Was möchtest du einmal werden?

Rennfahrer

Oma hat sich ein Fahrrad gekauft.
Ein Rennrad. Und einen Helm.
Oma fährt zum Spielplatz.
Sie fährt sehr schnell.
Lene schämt sich.
Richtige Omas
rasen nicht auf Rennrädern herum.
Richtige Omas
haben auch keine Helme auf.
Ein Junge sagt:
„Die Frau ist toll. Wie ein ________."
Jetzt sieht Lene es auch.
Oma ist eine richtige ________.
„Das ist meine Oma!", ruft sie stolz.
Sie springt auf ihr Rad
und rast hinter Oma her.

Frauke Nahrgang

In diesem Buch findest du noch andere Geschichten von Lene und Peter.

1 Ergänze die fehlenden Wörter.

2 Warum schämt sich Lene?

3 Warum ist Lene stolz?

Künstler malen …

Franz Marc

Franz Marc wurde in München geboren. Zuerst wollte er Pfarrer werden. Doch mit 20 Jahren überlegte er es sich anders. Er wurde Maler.

Franz Marc malte fast nur Tiere, denn er liebte sie mehr als die Menschen. Seine Bilder zeigen Füchse, Katzen, Tiger, Kühe, Rehe oder Pferde. Pferde waren die Lieblingstiere von Franz Marc. Viele Bilder mit blauen Pferden sind berühmt geworden.

In seinen Bildern bemühte Franz Marc sich, die Gefühle der Tiere auszudrücken. Dazu benutzte er die Farben Rot, Gelb, Grün und Blau.

Er malte sie ganz anders als die Künstler vor ihm.

1 Was seht ihr auf den beiden Bildern? Sprecht darüber.

… irgendwie anders

Joan Miró

Joan Miró wurde in Barcelona geboren. Bereits mit sieben Jahren erhielt Joan Miró privaten Zeichenunterricht. Später wurde er ein berühmter Künstler.

Er malte Bilder und gestaltete auch große Figuren, Masken und Wandteppiche. Joan Miró arbeitete dabei nicht nur mit Papier und Pinsel, sondern ebenso mit Stoffen, Wolle oder Ton.

Seine Bilder malte Joan Miró gerne mit viel Schwarz und den drei Grundfarben Rot, Blau und Gelb. Er liebte klare und kräftige Farben. Du kannst in seinen Bildern immer wieder bestimmte Formen und Zeichen entdecken: Sterne, Monde, Punkte und Linien.

Seine Figuren mit bunten Mustern, eckigen Köpfen, andere mit drei Haaren, Strichbeinen oder nur einem Fuß, erscheinen irgendwie anders als in der Wirklichkeit.

2 Welche Titel würdet ihr den Bildern geben?

Simone und Kemal

Für Simone

Ich heiße Simone.
Man nennt mich Zitrone.
Ich mache ein saures Gesicht.
Sie rufen: Simone, du doofe Zitrone!
Ich mag so was nicht.

Ich heiße Simone.
Man nennt mich Zitrone.
Ich weine am Abend im Bett.
Sie sagen: Simone, hau ab, du Zitrone!
Das find ich nicht nett.

Ich heiße Simone.
Man nennt mich Zitrone.
Das finde ich einfach gemein.
Sie sagen: Simone, Zitrone, Zitrone!
Denn das ist ein Reim.

Ich heiße Simone.
Man nennt mich Zitrone.
Ich wollte, ich hieße Marie.
Denn hieß ich Marie,
dann würd sich nichts reimen.
Dann wär ich genauso wie sie.

Jutta Richter

Kemal

Kemal, mein Freund,
das ist einer!
Was der kann,
kann keiner.
Deutsch spricht er nicht viel.
Aber beim Fußballspiel.
Linksaußen.
Rechtsaußen.
Torwart, o Mann!
Es gibt keinen,
der das kann:
Kemal spricht
mit den Beinen.

Lisa-Marie Blum

1 Sprecht über Simone und Kemal.

2 Vergleicht die Texte.
Was ist ähnlich?
Was ist verschieden?
Zeigt die Stellen im Text.

3 Schaut euch den Aufbau
der Gedichte an.
Was stellt ihr fest?

Wir vergleichen zwei Texte

1. Ihr habt zwei Texte
zu einem Thema.
Jedes Kind liest beide Texte still.

2. Sprecht über das,
was ihr gelesen habt.

3. Untersucht:
Was ist in den Texten
gleich oder ähnlich?
Was ist ganz verschieden?

Zum Beweis kann man
bestimmte Stellen im Text zeigen.

4. Was haben die anderen Kinder
herausgefunden?
Vergleicht eure Ergebnisse.

5. Überlegt gemeinsam, wie die beiden
Texte vorgelesen werden müssen,
damit man die Unterschiede bemerkt.
Übt den Lesevortrag.

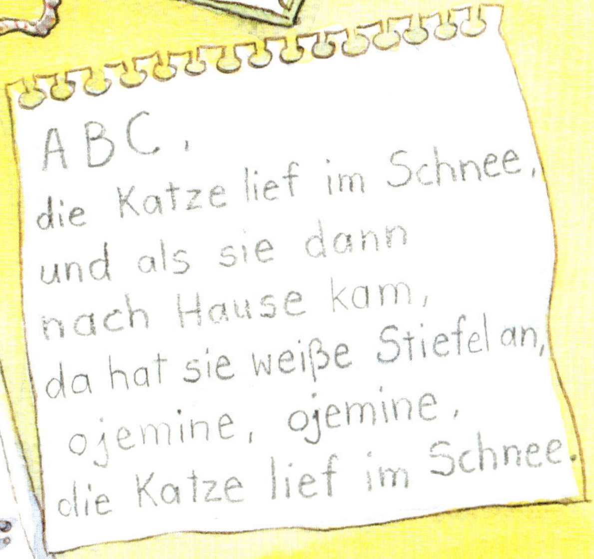

Schreiben

1 Wie können die Kinder diese Probleme lösen? Schreibe es auf.

2 Sprecht im Klassenrat über eure Lösungen.

Gespräche führen

1 Welches Bild gefällt euch besonders gut?

2 Worüber könnten die beiden auf diesem Bild sprechen?
Überlegt euch das Gespräch.
Probiert es aus.

3 Spielt euer Gespräch den anderen Kindern vor.

Fragezeichen

1 Lest die Fragen von Thomas und Annika. Ordnet Pippis Antworten den Fragen zu.

2 Was würdest du Pippi fragen? Schreibe deine Fragen auf.

3 Lest euch die Fragen vor. Denkt euch Antworten aus.

4 Welche Unterschiede findet ihr in den Fragen von Thomas und Annika?

Das sind Pippis Antworten:

Im Taka-Tuka-Land.

Klar, wenn du willst.

Ja, dann hab ich auch mal Ferien.

Sachen suchen.

Einen ganzen Handkoffer voll.

Ich heiße Pippilotta Viktualia Rollgardina Pfefferminza Efraims Tochter Langstrumpf.

Nach einer Frage steht ein Fragezeichen **?** .

S. 207

Ausrufezeichen

1 Was rufen die Zuschauer noch?

2 Schreibe Ausrufe auf.

Nach einem Ausruf steht ein Ausrufezeichen !.

3 Wo würdest du ein Ausrufezeichen setzen?
Wo würdest du einen Punkt setzen?

4 Überlegt euch selbst eine Situation, in der etwas mit Nachdruck gesprochen wird.

Nach einer Aufforderung kann ein Punkt oder ein Ausrufezeichen stehen . !.

S. 207

Nachschlagen in der Wörterliste

Wörterlisten-Rätsel

1 Jede Zeile ergibt einen Satz. Schreibe die Sätze.

Tim und Jan	5. Wort mit m	3. Wort mit a	mit dem	14. Wort mit g
5. Wort mit a	1. Wort mit l	1. Wort mit u	Simone	
1. Wort mit i	spiele	24. Wort mit m	Kemal	letztes Wort mit c

Ich sehe ein Wort, das du nicht siehst …

2 Spielt das Spiel!

Lernwörter-Training

4 Schreibe jeweils eine Frage
mit: Mädchen | Junge | Freundin | Freund

5 Schreibe jeweils eine Aufforderung
mit: fahren | lachen | helfen

6 Schreibe jeweils einen Satz
mit: laut | richtig | schnell

7 Übe die Lernwörter mit dem Abschreibheft.

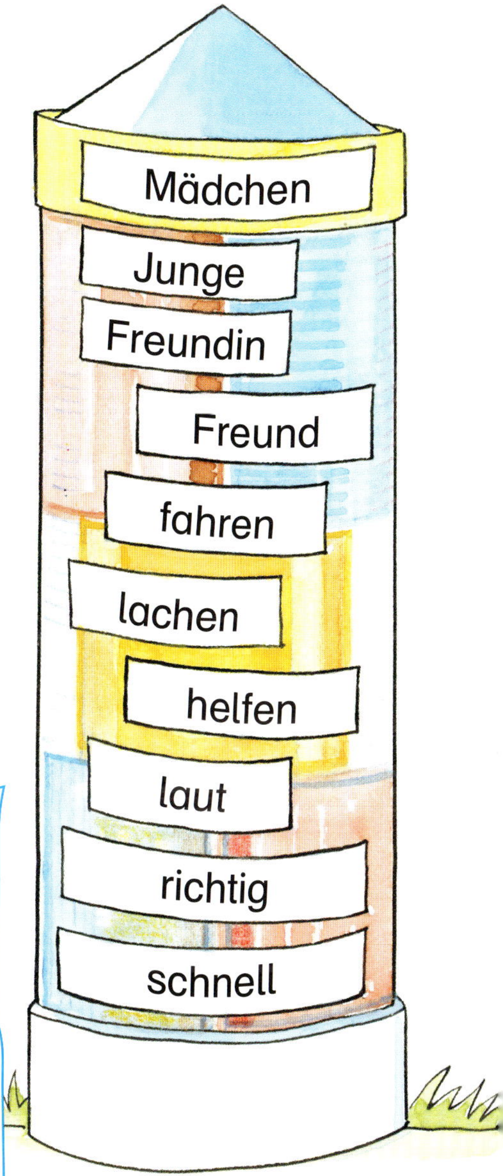

Ein Abschreibheft

Du brauchst:
- 1 Heft
- 1 Folientasche
- Kleber

So geht es:
Klebe die Folientasche auf die Vorderseite deines Heftes.

Üben mit dem Abschreibheft

1. Lernwörter auf einen Zettel **schreiben**
2. Zettel in die Folientasche **stecken**
3. Wörter **genau lesen** und deutlich mitsprechen
4. **besondere** Stellen **merken**
5. Wörter ins Heft **schreiben**, leise mitsprechen
6. Zettel aus der Folientasche nehmen und **genau vergleichen**
7. **richtig:** ✓
   falsch: durchstreichen: ~~laud~~
   neu schreiben: laut

S. 195

Leseratten & Computermäuse
Computer ☒ ecke
□ Internet
□ surfen-chatten
□ zeichnen am PC
□ Computerspiele
Mh, wie finde ich das Buch? Muss ich wohl den Namen der Autorin „Lindgren" eingeben oder den Titel des Buches „Die Kinder aus Bullerbü"?
Ob ich Janosch auch eine E-Mail schicken kann?
Die Stadtbücherei Lesewurm stellt sich vor:
In unserer Bücherei gibt es viele Bücher von vielen verschiedenen Autorinnen und Autoren.
Hier kannst du dir die Bücher, die du gerne lesen möchtest, ausleihen.
Die Bücher kannst du 4 Wochen lang mit nach Hause nehmen.
Wir verleihen auch CDs, Hörspielkassetten, Videos und Computerspiele. Viel Spaß!

Sachbücher
Vorlesebücher
Bilderbücher
Infothek
Ich musste doch unter K wie Knister gucken. Wo ist das Buch denn nun?
Achtung! Autorenlesung!
Der Autor KNISTER liest aus seinem neuen Buch (Hexe Lilli) vor und beantwortet deine Fragen.
Freitag 17.00 Uhr im Foyer der Bücherei
... Bevor sie versank, tanzte sie siebenmal über das Wasser. Das hatte Biba noch nie geschafft.
Perle
Frederick
Komm, wir finden einen Schatz
Als die Raben noch bunt waren
Michael Ende
Jim Knopf und Lukas der Lokomotivführer
Kirsten Boie
Lena
Allerhand und mehr
DIE KLEINE HEXE
Du hast angefangen!
Nein, du!
Sven Nordqvist
Pettersson zeltet
Nächste Führung:
Mittwoch 15°° Uhr
Damit du die Bücherei genau kennen lernen kannst.

Wie entsteht ein Buch?

Wenn ihr eigene Bücher herstellen wollt, helfen euch die blauen Stationen.

Internet: Autoren-Homepage

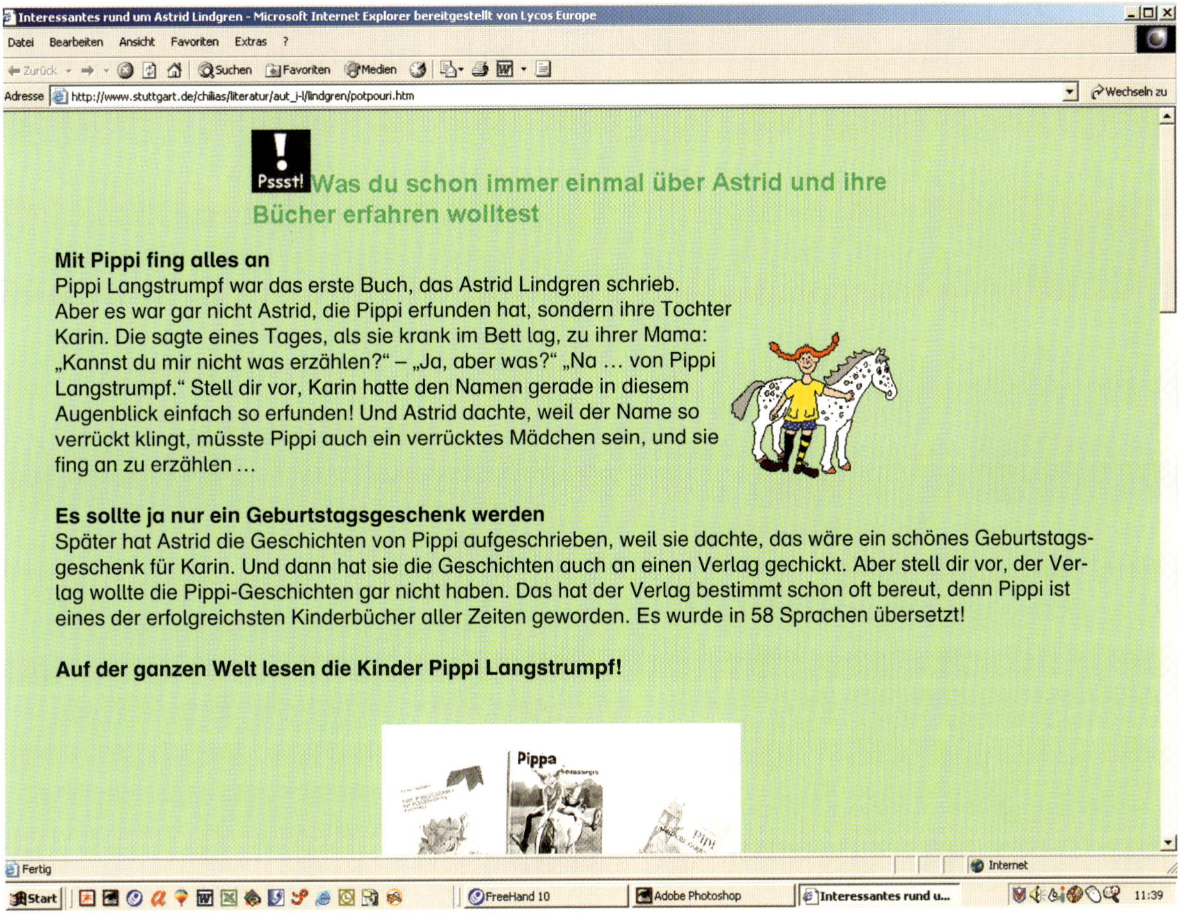

Pssst! Was du schon immer einmal über Astrid und ihre Bücher erfahren wolltest

Mit Pippi fing alles an

Pippi Langstrumpf war das erste Buch, das Astrid Lindgren schrieb. Aber es war gar nicht Astrid, die Pippi erfunden hat, sondern ihre Tochter Karin. Die sagte eines Tages, als sie krank im Bett lag, zu ihrer Mama: „Kannst du mir nicht was erzählen?“ – „Ja, aber was?“ „Na … von Pippi Langstrumpf.“ Stell dir vor, Karin hatte den Namen gerade in diesem Augenblick einfach so erfunden! Und Astrid dachte, weil der Name so verrückt klingt, müsste Pippi auch ein verrücktes Mädchen sein, und sie fing an zu erzählen …

Es sollte ja nur ein Geburtstagsgeschenk werden

Später hat Astrid die Geschichten von Pippi aufgeschrieben, weil sie dachte, das wäre ein schönes Geburtstagsgeschenk für Karin. Und dann hat sie die Geschichten auch an einen Verlag gechickt. Aber stell dir vor, der Verlag wollte die Pippi-Geschichten gar nicht haben. Das hat der Verlag bestimmt schon oft bereut, denn Pippi ist eines der erfolgreichsten Kinderbücher aller Zeiten geworden. Es wurde in 58 Sprachen übersetzt!

Auf der ganzen Welt lesen die Kinder Pippi Langstrumpf!

1 Was erfährst du auf der Homepage über Astrid Lindgren?

2 Stellt euch gegenseitig Fragen zum Text. S. 11

3 Sammelt mit Hilfe des Internets Informationen zu euren Lieblingsautorinnen und -autoren. Hängt sie an die Pinnwand.

Wusstest du schon, dass du mit einer Kindersuchmaschine Internetadressen finden kannst?

Wenn du die Homepage von Janosch findest, kannst du ihm sogar eine E-Mail schreiben.

KNISTER – wer ist das?

Wie sind Sie zu Ihrem Beruf gekommen?
Ich bin durch meine Musik zu diesem Beruf gekommen. Eigentlich wollte ich immer Rockstar werden. Aber meine Eltern haben

gesagt: „Lern doch was Ordentliches oder studiere wenigstens Musik." So habe ich Musik studiert. Das heißt, ich habe das richtig gelernt, mit Noten und so. Als ich fertig war, wollte ich aber endlich Rockstar werden. „Oh!", sagten meine Eltern, „lern lieber noch was Richtiges dazu." Da bin ich Lehrer geworden und habe auch ein paar Jahre in meinem Beruf gearbeitet. Aber irgendwie hat mich die Musik noch immer gereizt. Deshalb habe ich nebenbei Lieder geschrieben für die Sesamstraße und die Sendung mit der Maus. Und dann wurden meine Lieder immer länger. Irgendwann war ein Lied von mir 184 Strophen lang. Das konnte man gar nicht mehr singen. Da habe ich gedacht, da machst du ein Buch draus. Und so habe ich mein erstes Buch geschrieben und den Lehrerberuf erst einmal für ein Jahr aufgegeben. Jetzt mache ich nur noch Bücher.

Ist KNISTER Ihr richtiger Name?
Richtig heiße ich Ludger. Früher, als ich noch Lehrer war, habe ich dann auch für Kinder gesungen. Und wenn es fremde Kinder waren, habe ich gesagt: „Guten Tag, ich heiße Ludger und will jetzt ein paar Lieder mit euch singen." Dann haben die Kinder ganz oft nachgefragt: „Wie heißt du?" Irgendwann kam ich auf die Idee, mir einen anderen Namen zu suchen. Außerdem haben Rockstars ja auch immer andere Namen. Und so kam ich auf KNISTER.

Wann beginnt Ihr Arbeitstag?
Ich fange meistens um 9.00 Uhr morgens an zu arbeiten. Dann fang ich aber noch nicht an zu schreiben, sondern beantworte zuerst einmal Briefe. Ich kriege nämlich sehr viel Post. Das dauert am Tag so ein bis zwei Stunden. So gegen Mittag fange ich dann an zu schreiben. Meistens dauert das abends bis zehn. Natürlich mache ich nachmittags noch mal ein Päuschen.

Wie heißt Ihr Lieblingsbuch?
Mein Lieblingsbuch ist immer das, woran ich gerade schreibe. Da denke ich: „KNISTER, das wird dein schärfstes!" Das macht mir am meisten Spaß. Es passiert aber auch manchmal, dass mir so ein Buch nicht gefällt. Zuerst denke ich dann: „Das wird Klasse!" Aber nach 14 Tagen merke ich, dass meine Idee doch nicht so gut ist. Dann lösche ich den ganzen Kram und fange von vorne an. Zum Glück passiert das nicht so oft.

Wie entstehen Ihre Bücher?
Jeder, der ein Buch schreibt oder sich eine Geschichte ausdenkt, hat woanders schon mal eine Geschichte gelesen. Und mir geht das auch so. Immer wenn ich ein tolles Buch lese, denke ich: „Ach, so eine ähnliche Geschichte willst du auch mal schreiben." Ich möchte das für mich aber noch erweitern, weil ich nicht nur gerne lese, sondern auch gerne ins Kino gehe. Deshalb könnte ich für mich eigentlich sagen, Bücher entstehen aus Büchern und aus Filmen.

Und wie war das bei der Sockensuchmaschine?
Bei der Sockensuchmaschine habe ich mich nicht an ein Buch

oder einen Film erinnert, sondern an meine Familie. Ich habe drei Kinder und meine Frau und ich haben uns die Arbeit im Haus ein bisschen aufgeteilt. Meine Frau kann besser kochen als ich und ich kann besser waschen. Deshalb mach ich das Waschen und sie macht das Kochen. Und fragt mal eure Eltern, wie das ist mit dem Waschen. Man tut drei Paar Socken in die Waschmaschine rein – und kriegt manchmal vier Socken wieder raus. Manchmal auch nur dreieinhalb. Ich habe zu Hause einen ganzen Karton, wo nur einzelne Socken drin sind. Und deshalb kam ich auf die Idee: „Mensch, man müsste eine Sockensuchmaschine haben.“ Und so kam ich auf die Idee zu dem Buch „Die Sockensuchmaschine“.

Verkaufen Sie Ihre Bücher?

Nein, ich verkaufe meine Bücher gar nicht. Der Buchhandel verkauft sie in Deutschland, in Europa und auf der ganzen Welt.

Schreiben Sie die Bücher nur in Deutsch oder auch in anderen Sprachen?

Ich schreibe meine Bücher nur in Deutsch. Aber dann gehen andere Leute hin und übersetzen meine Bücher. Meine Bücher sind übersetzt in 21 verschiedene Sprachen. Also fast auf der ganzen Welt liest man meine Bücher – zum Beispiel auch in China.

Warum schreiben Sie so viele Hexe-Lilli-Bücher?

Weil mir das so einen Spaß macht. Die Hexe Lilli mag ich so gern. Ich habe manchmal das Gefühl, sie lebt richtig. Ich sage auch manchmal zu meiner Frau Lilli, obwohl sie Linde heißt. Die ist zum Glück nicht sauer. Aber das ist, weil ich die Lilli so in meinem Kopf habe.

Wieso haben Sie Hexe Lilli so genannt?

Ich habe sie zuerst gar nicht Hexe Lilli genannt. Hexe Lilli ist gar nicht meine Erfindung. Also, ich habe mir die Hexe-Lilli-Geschichte ausgedacht und ganz am Anfang hieß die Hexe Lilli noch gar nicht Hexe Lilli, sondern sie hieß Hexe Steffi. Und da hat meine Lektorin, das ist die Frau, die aufpasst, dass meine Rechtschreibfehler nicht ins Buch kommen, gesagt: „KNISTER, das soll doch ein Buch werden, das ganz leicht zu lesen ist. Und Steffi ist sehr schwer zu lesen. Lass dir einen Namen einfallen, den die Kinder leichter lesen können.“ Dann habe ich überlegt und dachte: Lilli wäre eigentlich gut. Das sind nur 2 Buchstaben, ein L und ein I, und so kam ich auf den Namen Lilli. Aber Lilli heißt nicht überall auf der Welt Lilli. In Spanien heißt sie zum Beispiel Kika. Aber sie sieht immer so aus wie Lilli.

Zum Schluss wollte ich euch noch sagen, was für einen Spaß Bücher machen können. Darum lest Bücher! Geht in die Bücherei! Leiht Bücher aus! Lasst euch Bücher schenken! Schenkt euren Freundinnen und Freunden Bücher! Oder knackt die Spardose und schenkt euch selber mal ein Buch! Ich wünsche euch ganz viel Spaß mit meinen Büchern.

Hexe Lilli macht Zauberquatsch

Das ist Lilli …
Sie ist ungefähr so alt wie du
und sieht aus wie ein gewöhnliches Kind.
Das ist sie eigentlich auch, … aber doch nicht ganz.
Lilli besitzt nämlich etwas,
was überhaupt nicht gewöhnlich ist:
ein Hexenbuch!
Eines Morgens fand Lilli es neben ihrem Bett.
Wie ist es da hingekommen?
Keine Ahnung.

Lilli weiß nur,
dass die schusselige Hexe Surulunda Knorx
das Buch aus Versehen liegen lassen hat.
Und sie weiß,
dass echte Zaubereien und wilde Hexentricks
in dem Buch stehen.
Einige davon hat Lilli schon ausprobiert.
Aber aufgepasst:
Versuche lieber nicht, Lillis Hexereien nachzumachen!
Hast du nur ein Wort falsch gelesen,
wird Zahnbürste zum Hexenbesen.
Aus Lehrerin wird böser Schurke,
aus Eis am Stiel wird saure Gurke.
Lilli hat niemandem
von ihrem Buch erzählt.
Sie ist eine richtige Geheimhexe!

KNISTER

Hier erfährst du, wie Lilli Märchenfiguren lebendig hext und was sie mit Omas ahnungslosem Nachbarn anstellt.

83. Streichholzschachtel-Zaubertrick

Du brauchst:

- eine leere Streichholzschachtel
- eine halb volle Streichholzschachtel
- ein großes Stück Klebestreifen

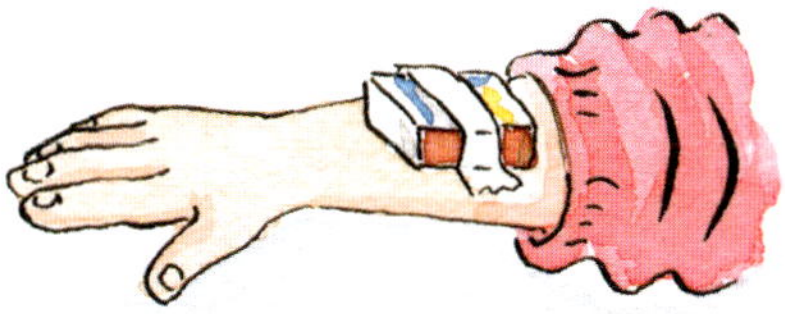

1. Du klebst mit einem Klebestreifen eine halb volle Streichholzschachtel an deinen Arm.

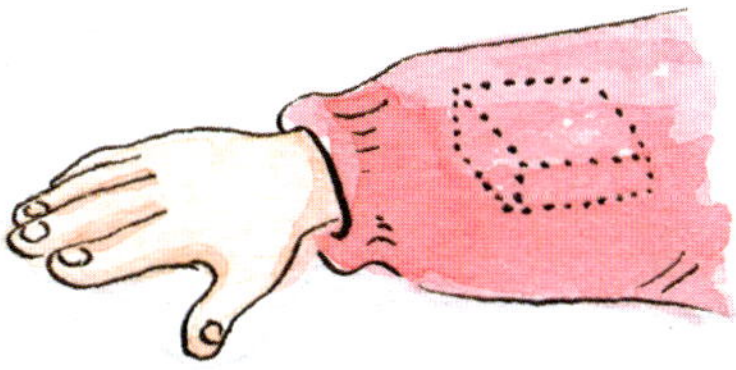

2. Zieh deinen Pullover darüber.

3. Du zeigst dem Publikum die leere Schachtel.

4. Dann schüttelst du sie.

Alle werden glauben, dass die Schachtel plötzlich voll ist. In Wirklichkeit hören sie nur das Klappern der Schachtel an deinem Arm.

1 Probiere den Zaubertrick aus.

2 Kennt ihr noch andere Zaubertricks? Stellt sie euch gegenseitig vor.

3 Schreibe deinen Zaubertrick auf. Ihr könnt eure Tricks zu einem Buch zusammenstellen.

S. 72

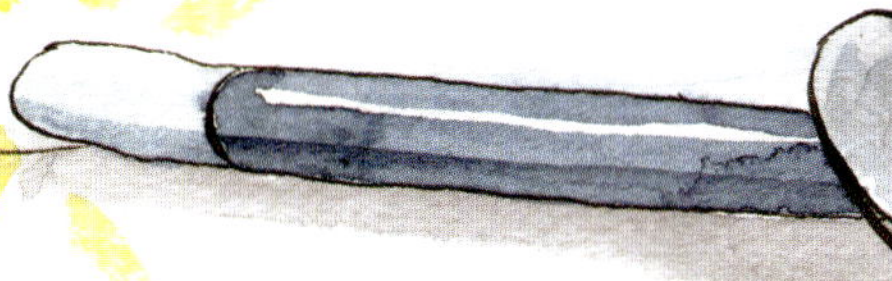

Post für den Tiger

Einmal, als der kleine Bär wieder zum Fluss angeln ging, sagte der kleine Tiger: „Immer, wenn du weg bist, bin ich so einsam. Schreib mir doch mal einen Brief aus der Ferne, damit ich mich freue, ja!“

„Ist gut“, sagte der Bär und nahm gleich Tinte in einer Flasche mit, eine Kanarienvogelfeder, denn damit kann man gut schreiben. Und Briefpapier und einen Umschlag zum Verkleben. Unten am Fluss hängte er zuerst einen Wurm an den Haken und dann die Angel in das Wasser. Dann nahm er die Feder und schrieb mit der Tinte auf das Papier einen Brief:

Lieber Tiger!
Teile dir mit, dass es mir gut geht, wie geht es dir?
Schäle inzwischen die Zwiebeln und koch Kartoffeln, denn es gibt vielleicht Fisch.
Es küsst dich dein Freund Bär.

Dann steckte er den Brief in den Umschlag und verklebte ihn. Abends nahm er den Fisch und den Eimer, die Tinte und die Feder und auch gleich den Brief mit und ging nach Haus. Er rief schon aus der Ferne vom kleinen Berg herunter: „Po-st-für-den-Ti-ger! Po-st-für-den-Ti-ger!“

Janosch

1 Beantworte die Fragen.
- Wer geht zum Angeln? Wer bleibt zu Hause?
- Wer fühlt sich einsam?
- Wer schreibt einen Brief?
- Wann kommt der Brief an?

Mit einem Brief fängt alles an – aber die Geschichte geht noch weiter …

2 Vergleiche die Post für den Tiger mit einem anderen Brief.

Z **3** Finde den Weg eines Briefes heraus.

E-Mail-Freundschaft

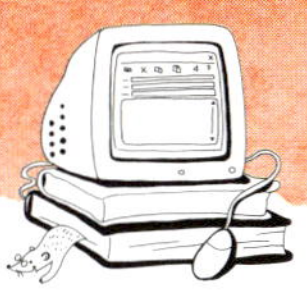

Hannah ist schon ganz aufgeregt. Endlich kann sie Leon eine E-Mail schicken. Seit Leon wieder mit dem Zirkus losgezogen ist, freut Hannah sich darauf. Leon war nur für zwei Wochen in ihrer Klasse. In dieser Zeit gastierte der Zirkus seiner Eltern in der Stadt. Leon und Hannah haben in den beiden Wochen Freundschaft geschlossen und sich versprochen, über E-Mail in Kontakt zu bleiben. Jetzt endlich sitzt Hannah in der Schule vor dem Computer.

Zuerst tippt sie langsam die E-Mail-Adresse von Leon ein. Sie weiß, dass sie dabei keinen Fehler machen darf, sonst kommt die E-Mail nicht an. Dann beginnt sie zu schreiben. Jetzt muss sie nur noch auf „Senden“ klicken. Am nächsten Morgen ist Hannah ganz gespannt. Ob Leon ihr schon geantwortet hat? Und tatsächlich: In ihrem Briefkasten ist eine E-Mail angekommen. Hannah klickt den Brief von Leon an.

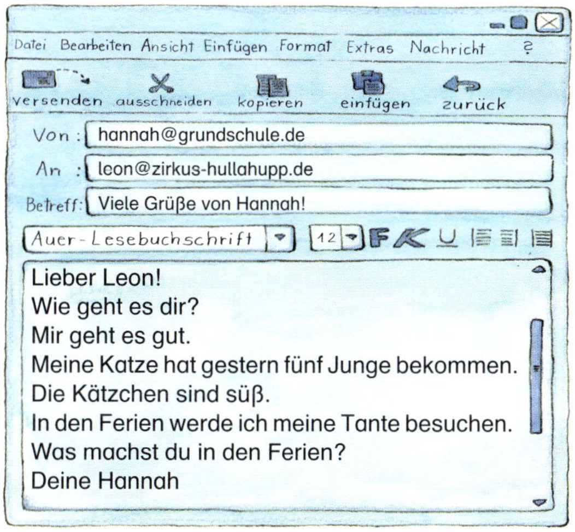

Datei Bearbeiten Ansicht Einfügen Format Extras Nachricht ?

versenden ausschneiden kopieren einfügen zurück

Von : hannah@grundschule.de

An : leon@zirkus-hullahupp.de

Betreff: Viele Grüße von Hannah!

Auer-Lesebuchschrift 12

Lieber Leon!
Wie geht es dir?
Mir geht es gut.
Meine Katze hat gestern fünf Junge bekommen.
Die Kätzchen sind süß.
In den Ferien werde ich meine Tante besuchen.
Was machst du in den Ferien?
Deine Hannah

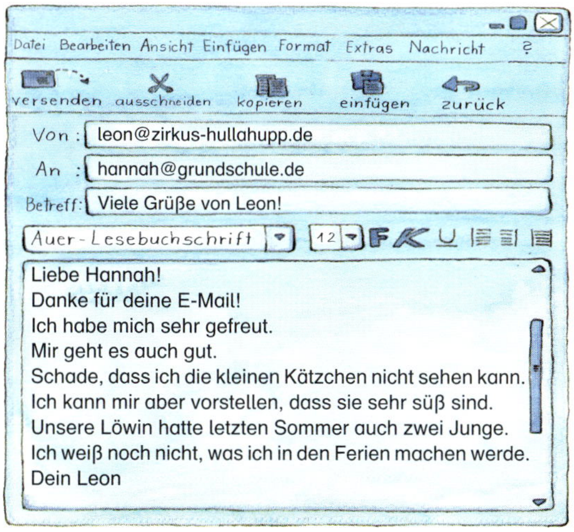

Datei Bearbeiten Ansicht Einfügen Format Extras Nachricht ?

versenden ausschneiden kopieren einfügen zurück

Von : leon@zirkus-hullahupp.de

An : hannah@grundschule.de

Betreff: Viele Grüße von Leon!

Auer-Lesebuchschrift 12

Liebe Hannah!
Danke für deine E-Mail!
Ich habe mich sehr gefreut.
Mir geht es auch gut.
Schade, dass ich die kleinen Kätzchen nicht sehen kann.
Ich kann mir aber vorstellen, dass sie sehr süß sind.
Unsere Löwin hatte letzten Sommer auch zwei Junge.
Ich weiß noch nicht, was ich in den Ferien machen werde.
Dein Leon

E-Mails sind elektronische Briefe, die über das Internet verschickt werden. Eine E-Mail-Adresse erkennst du an dem Zeichen @ (ätt gesprochen). Verschickte E-Mails sammeln sich in einem Briefkasten, der so genannten Mailbox. Von dort ruft die Empfängerin oder der Empfänger sie auf den PC.

1 Beantworte die Fragen.

- Wo haben sich Hannah und Leon kennen gelernt?
- Wo wohnt Leon?
- Worauf muss Hannah beim E-Mail-Schreiben besonders achten?
- Wer hat Junge bekommen?

2 Vergleicht den Brief vom kleinen Bär und die E-Mails von Hannah und Leon. Was ist ähnlich? Was ist verschieden?

E-Mail

1 Hier ist der Text durcheinander geraten.
Schreibe die Textteile auf Zettel und finde die richtige Reihenfolge.

2 Schreibe dann den Text ins Heft.

Wir setzen einen Text richtig zusammen

1. Ihr habt einen Text, der aus mehreren Teilen besteht.
Die Teile sind durcheinander geraten.
Schneidet sie aus.

2. Lest die Textteile.
Versucht gemeinsam,
den Text wieder richtig zusammenzusetzen.

3. Legt einzelne Textteile hin.
Lest den gelegten Text.
Gehören die Teile wirklich dahin?
Probiert es aus und sprecht über eure Ideen.

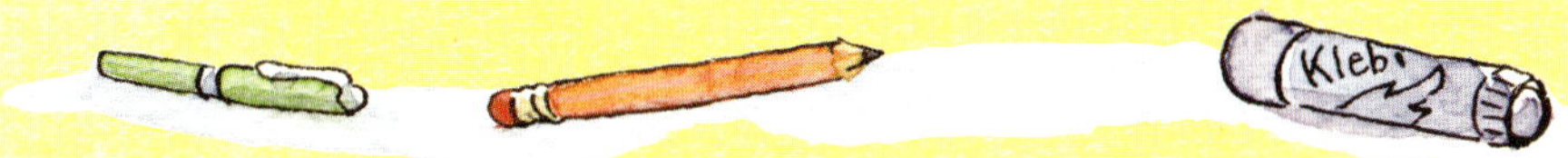

4. Vergleicht euer Ergebnis mit den anderen.
Habt ihr die Teile unterschiedlich zusammengesetzt?
Begründet eure Entscheidungen.

5. Klebt den richtigen Text auf ein Blatt Papier.

Texte weiterschreiben

1 Aus welchen Büchern kommen die Textanfänge?

Nicht weit von Jonas' Elternhaus ist vor zwei Wochen ein neuer Nachbar eingezogen. Mit dem Mann hat noch keiner richtig geredet. Aber die ganze Nachbarschaft redet über den neuen Hausbewohner …
Manche rätseln:
Ist der neue Nachbar ein Geheimagent?
Oder vielleicht ein Zauberer? …
Aber Jonas weiß, was der Mann von Beruf ist.
Seit heute hängt an seinem Gartentor ein Schild:

Professor Justus Turbozahn
Erfindungen aller Art

Neben dem Schild ist eine Klingel angebracht …

In fast allen Bereichen des Lebens können uns Computer die Arbeit erleichtern.
Weil sie so schnell sind, kann man mit ihnen viel Zeit sparen, und sie übernehmen sehr schwierige oder langweilige Aufgaben …
Schriftsteller schreiben mit ihnen ihre Bücher …
Wir sind täglich von Computern umgeben und viele sind so versteckt, dass wir sie manchmal gar nicht sehen …

Bloß drei Programme kann der Franz sehen. Oft beschwert er sich bei der Mama: „Alle Kinder haben Kabel. Oder eine Satelliten-Schüssel. Zwanzig Programme können die sehen. Und ich bin dauernd der Blöde." …
Vor zwei Wochen nun haben die Kinder wieder einmal über eine TV-Serie geredet … Der Franz wollte nicht schon wieder sagen, dass er diese Serie zu Hause nicht sehen kann. So sagte er: „Ich hab was anderes angeschaut." (In Wirklichkeit hatte er mit der Mama Fang-den-Hut gespielt.)
„Und zwar?", fragte der Alexander.
„Eine andere Serie", sagte der Franz.
„Und zwar?", fragte die Martina.
„Eine …"

2 Schreibe einen der Texte weiter.
Vielleicht kannst du den Computer nutzen.

3 Kontrolliere, ob du alles richtig geschrieben hast.

4 Klebt jeden Textanfang auf ein Plakat.
Nun könnt ihr eure Fortsetzungen darunter kleben.
Hängt das Plakat in eurer Klasse auf.

S. 201

Miteinander planen

Die Kinder der Klasse 2 a möchten eine Leseecke einrichten. Sie haben viele Ideen und Wünsche.

1 Wie könnte das Gespräch weitergehen?

2 Was möchtet ihr in eurer Klasse miteinander planen?
- Besuch in einer Bücherei
- Lesenachmittag …

Miteinander planen

Wir einigen uns auf ein Thema.
Wir sammeln unsere Wünsche und Ideen.
Wir begründen unsere Meinung.
Wir einigen uns, wie es weitergehen soll.

Unser Lieblings-Bücher-Wurm

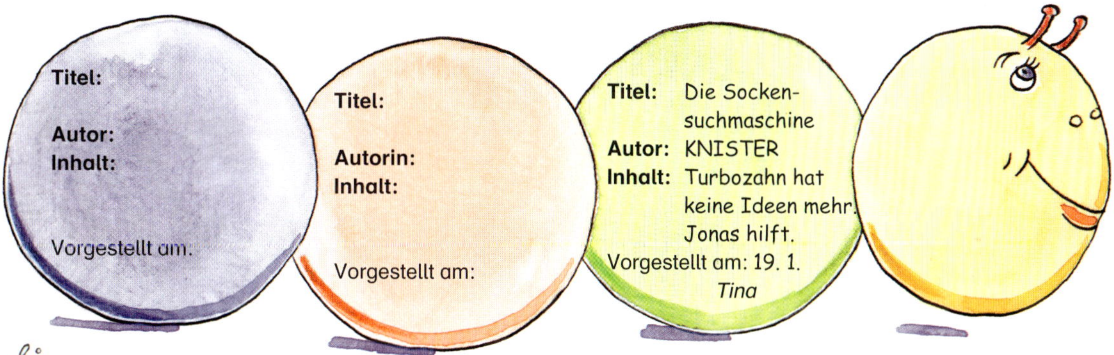

3 Welches Buch möchtest du den anderen Kindern vorstellen? Suche ein Buch aus.

4 Schreibe die Angaben auf ein rundes Blatt. Stelle dein Buch den anderen Kindern vor.

5 Gestaltet mit den Blättern einen Bücherwurm.

Artikel

Ich sehe was, was du nicht siehst

1 Spielt das Spiel.

2 Findest du heraus, wann ein unbestimmter Artikel (ein, eine) und wann ein bestimmter Artikel (der, die, das) benutzt wird?

Lukas hat **einen** neuen Computer bekommen.
Der Computer war sehr teuer.

Burak hat sich **ein** Buch gewünscht.
Er hat **das** Buch „Streitgeschichten“ bekommen.

Mutter liest **eine** Zeitung.
Sie hat **die** Zeitung am Kiosk gekauft.

3 Schreibe selbst solche kurzen Texte.

Es gibt unbestimmte Artikel ein, eine und bestimmte Artikel der, die, das.
Die unbestimmten Artikel benutzt du, wenn etwas noch nicht genau bekannt ist.
Die bestimmten Artikel benutzt du, wenn du etwas Bestimmtes meinst.

Wortfelder

Maus	Autorin	Titel	Tastatur	Bücherei

Drucker	E-Mail	Leseecke	Bildschirm	Wörterbuch

1 Was gehört zu Büchern? Was gehört zu Computern? Ordne die Nomen zu und ergänze den Artikel.

2 Lege eine Tabelle an.

Bücher	***Computer***
die Bücherei	*die Maus*

3 Sammle noch mehr Nomen zu den beiden Wortfeldern.

4 Sammelt Nomen zum Wortfeld Brief.

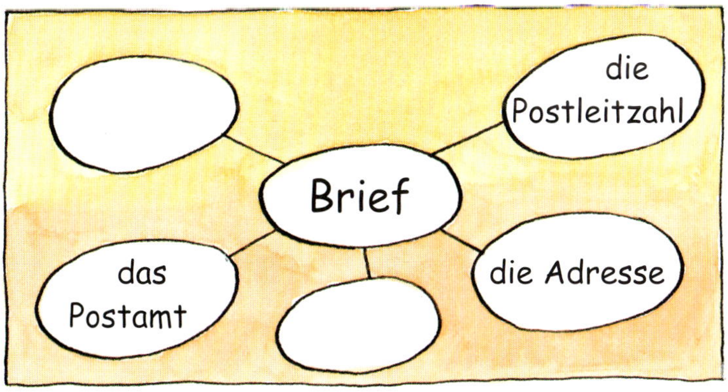

Richtig entscheiden – sicher schreiben

Manchmal muss man an zwei Stellen nachschlagen:

C oder **K**?

_omputer _ind _atze _lown

_nopf _owboy _uss _erze

F oder V?

_ernseher _eder _ogel

_amilie _ater _erien

_enster _ell _isch

1 Finde den richtigen Anfangsbuchstaben.

S. 210

2 Schreibe die Wörter mit dem Artikel:
der Knopf, …

3 Wo suchst du diese drei Wörter?

Lernwörter-Training

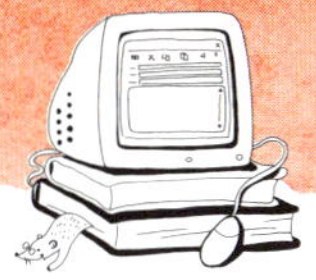

4 Suche dir Lernwörter aus. Bilde lustige Sätze.

5 Suche dir Lernwörter aus. Bilde Fragen.

6 Ordne die Lernwörter nach dem Abc.

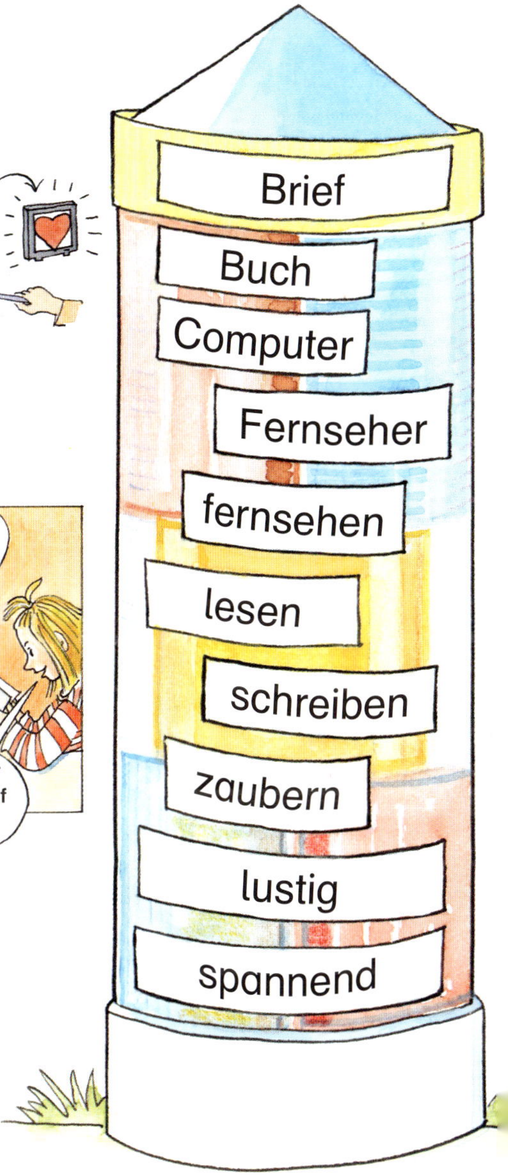

Wörterrätsel

Schreibe die Lernwörter in dein Heft.

Unterstreiche die besonderen Stellen.

7 Spielt das Spiel.
Ihr könnt auch andere Lernwörter nehmen, z. B.

8 Mit dem Computer ins Internet

Über das Internet
sind die Menschen überall auf der Welt
in Sekunden miteinander verbunden.
Hier kannst du anderen Briefe schreiben.

Du kannst lustige und spannende Dinge lesen
und sogar Bücher und Fernseher kaufen.

Besetzt

Ein Mann,
der im Sand
einen Schlüssel fand,
nahm den Schlüssel
in die Hand
und probierte den Schlüssel,
den er fand,
an jeder Tür
im ganzen Land,
bis er vor einem Burgtor stand.

Da passte der Schlüssel
ganz zuletzt.
Der Mann schloss auf
und war entsetzt,
denn da standen Geister
in weißem Gewand
und sagten:
„Schon besetzt!“

Josef Guggenmos

Es kommt eine Zeit,
da lassen die Bäume
ihre Blätter fallen.
Die Häuser rücken
enger zusammen.
Aus dem Schornstein
kommt ein Rauch.

Es kommt eine Zeit,
da werden die Tage klein
und die Nächte groß.
Und jeder Abend
hat einen schönen Namen.

Einer heißt Hänsel und Gretel.
Einer heißt Schneewittchen.
Einer heißt Rumpelstilzchen.
Einer heißt Katherlieschen.
Einer heißt Hans im Glück.
Einer heißt Sterntaler.

Auf der Fensterbank
im Dunkeln,
dass ihn keiner sieht,
sitzt ein kleiner Stern
und hört zu.

Elisabeth Borchers

Das Haus im Moor

Einsam steht ein Haus im Moor. Es ist Vollmond. Leise gluckst es im Sumpf und eine zerzauste Pappel rauscht im Wind. Es ist kurz vor Mitternacht.

Werden sie heute wieder kommen?

Wer?

Na, die Sumpfgeister, die Moorhexen, die glotzäugigen Wassermänner, die Fledermäuse, die Wasserwölfe, die Bisamratten, die Schilfzwerge, die langen Schlangen, die Moorgespenster und die Vampire!

Noch ist es still. Noch rührt sich nichts.

Vielleicht trauen sie sich heute nicht aus ihren Schlupflöchern, weil der Mond so hell scheint?

Erwin Moser

1 Trage den Text so vor, dass die geheimnisvolle Stimmung deutlich wird. Sprich manche Teile leiser oder lauter. Denke an die Pausen.

2 Im Text kommen viele fantastische Wesen vor. Welche sind es?

3 Schreibe zu einem Wesen einen Text.

4 Male ein Bild dazu.

Im dunklen Haus

Am Waldesrand, da steht ein Haus
fernab vom Lärm der Straßen.
Kommst du am Tage, sieht es aus,
als wäre es verlassen.

Doch kommst du in der Nacht vorbei,
brennt Licht in allen Zimmern,
und es geschieht doch mancherlei,
wenn Mond und Sterne schimmern.

Was macht die Katze auf dem Dach?
Wozu das Seil am Fenster?
Wer ist da noch im Keller wach?
Sind das am End Gespenster?

Hermann Krekeler

1 Male zu jeder Strophe ein kleines Bild.

2 Stell dir vor, du schleichst heimlich in das Haus hinein. Was passiert dort? Erzähle.

2. Das Nachtgespenst schnieft ganz betrübt:
„Ich will jetzt bitte gleich Musik!"
Und dann legen alle los:

3. Der Geisteropa schreit: „O Schreck,
mein Geisterkopf ist wieder weg!
Wer hat den Kopf zuletzt gesehn?"

4. Das Geisterkind lacht schauerlich:
„Opa, deinen Kopf hab ich!"
Die ganze Geisterschar brüllt los.

5. Da scheint der erste Sonnenstrahl.
Kein Geist ist mehr im Geistersaal,
ganz, ganz leise ziehn sie fort.
Heut war Gespensterball.

Nach der Melodie von:
Wer hat die Kokosnuss geklaut?

Ein Gespenst zum Kranklachen

In einer Gegend, in der sich die Mäuse „Gute Nacht“ sagen, steht ein altes, verfallenes Haus. Dort lebt eine verarmte Gespensterfamilie. Sie nennen sich die Vom Letzten Hemd.

Aber so arm die Vom Letzten Hemd sind, so stolz sind sie auch. Vor allem der Vater.

Würgedich vom Letzten Hemd ist ein schreckliches Gespenst.

Der Vater sagt zu seiner Frau Spinnennetz und seinen dreizehn Kindern immer wieder: „Wer über uns lacht, dem drehen wir Knoten in die Ohren. Und lacht er immer noch, wird er zu Pflaumenmus gemacht.“

Alle Letzten Hemden jubeln dazu, bis auf das jüngste und kleinste Gespenst. Es heißt Kreideweißchen und ist zart und durchsichtig wie ein Seidentuch. Nur Kreideweißchens Kopf ist weiß wie Kreide, sonst ist es bunt wie ein Regenbogen. Und es duftet nach Vergissmeinnicht.

Kreideweißchen ist traurig. Es wäre auch gern so fürchterlich und schrecklich wie sein Vater. Aber immer, wenn die Letzten Hemden zur Mitternacht ausfliegen, um jemanden das Gruseln zu lehren, muss Kreideweißchen lachen. Und sein Lachen ist ansteckender als der schlimmste Schnupfen.

Alle umliegenden Krankenhäuser sind voller Leute, die sich über das kleine Gespenst krankgelacht haben. Gegen Lachen hilft ja bekanntlich keine Medizin. Und so sind die Doktoren und Professoren ratlos.

„Kreideweißchen,
du bringst die ganze Welt durcheinander“,
sagt die Mutter Spinnennetz.
„Ein ordentliches Gespenst
hat nun einmal fürchterlich zu sein.“
„O ja!“, rufen die zwölf Geschwister.
„Die Leute müssen vor Angst
auf den Hintern fallen!
Das Grauen muss sie packen und schütteln!
Giftgrün oder totenbleich müssen sie werden!“

Kreideweißchen verspricht
zum neunundneunzigsten Mal Besserung.
Es stellt sich vor den Spiegel
und übt, schrecklich auszusehen.

Es verzieht sein Gesicht,
verbiegt und verrenkt sich
und versucht grimmig zu schauen.
Aber gleich muss es wieder lachen.
Und schon sieht es wieder
ganz freundlich in die Welt.
Jetzt haben sich sogar
die Mutter und die Geschwister krankgelacht.
Sie hängen auf der Wäscheleine
über dem Küchenherd
und wollen das Lachen ausschwitzen.

„Wir müssen uns ja zu Tode schämen“,
sagt Vater Würgedich wütend.

„So kann das nicht weitergehen.
Kreideweißchen, jetzt nehme ich
deine Erziehung in die Hände.

Du musst werden wie ich.“…

Gunter Preuß

1 Stellt euch gegenseitig Fragen zum Text.

2 Wie kann die Geschichte weitergehen? Schreibe deine Idee auf.

3 Bastelt Gespenster, mit denen ihr eure Geschichte vorspielen könnt.

Märchenzeit

1 Welche Märchenfiguren kennst du? Erzähle.

„Ach, wie gut,
dass niemand weiß,
dass ich … heiß!“

Da nahm die Prinzessin den Frosch und warf ihn an die Wand.

„… lass dein Haar herunter!“

Da wuchs die Hecke riesengroß.
Und die Königstocher fiel in einen hundertjährigen Schlaf.

„Knusper, knusper, knäuschen,
wer knuspert an meinem Häuschen?“
„Der Wind, der Wind,
das himmlische Kind!“

2 Hier stimmt etwas nicht.
Ordne richtig zu.

„Spieglein, Spieglein an der Wand,
wer ist die Schönste im ganzen Land?“
„Frau Königin, Ihr seid die Schönste hier, aber … hinter den sieben Bergen bei den sieben Zwergen ist tausendmal schöner als Ihr.“

Der Wolf und die sieben jungen Geißlein

Es war einmal eine alte Geiß, die hatte sieben junge Geißlein und hatte sie lieb, wie eine Mutter ihre Kinder lieb hat. Eines Tages wollte sie in den Wald gehen und Futter holen, da rief sie alle sieben herbei und sprach: „Liebe Kinder, ich will hinaus in den Wald, seid auf eurer Hut vor dem Wolf; wenn er hereinkommt, so frisst er euch alle mit Haut und Haar. Der Bösewicht verstellt sich oft, aber an seiner rauen Stimme und an seinen schwarzen Füßen werdet ihr ihn gleich erkennen."

Die Geißlein sagten: „Liebe Mutter, wir wollen uns schon in Acht nehmen. Ihr könnt ohne Sorge fortgehen." Da meckerte die Alte und machte sich getrost auf den Weg.

Es dauerte nicht lange, so klopfte jemand an die Haustür und rief: „Macht auf, ihr lieben Kinder, eure Mutter ist da und hat jedem von euch etwas mitgebracht." Aber die Geißlein hörten an der rauen Stimme, dass es der Wolf war. „Wir machen nicht auf", riefen sie, „du bist unsere Mutter nicht, die hat eine feine, liebliche Stimme, aber deine Stimme ist rau: Du bist der Wolf." Da ging der Wolf fort zu einem Krämer und kaufte sich ein großes Stück Kreide …

1 Erzähle die Geschichte weiter. Die Bilder helfen dir.

2 Die Gebrüder Grimm haben viele deutsche Märchen aufgeschrieben. Aber Märchen gibt es auf der ganzen Welt. Welche kennt ihr?

Der goldene Schlüssel

Zur Winterszeit, als einmal tiefer Schnee lag, musste ein armer Junge hinausgehen und Holz auf einem Schlitten holen.

Wie er es nun zusammengesucht und aufgeladen hatte, wollte er, weil er so erfroren war, noch nicht nach Hause gehen, sondern erst Feuer anmachen und sich ein bisschen wärmen.

Da scharrte er den Schnee weg und wie er so den Erdboden aufräumte, fand er einen kleinen goldenen Schlüssel.

Nun glaubte er, wo der Schlüssel wäre, müsste auch das Schloss dazu sein, grub in der Erde und fand ein eisernes Kästchen.

„Wenn der Schlüssel nur passt!“, dachte er, „es sind gewiss kostbare Sachen in dem Kästchen.“ Er suchte, aber es war kein Schlüsselloch da. Endlich entdeckte er eins; aber so klein, dass man es kaum sehen konnte. Er probierte – und der Schlüssel passte glücklich.

Da drehte er einmal herum – und nun müssen wir warten, bis er vollends aufgeschlossen und den Deckel aufgemacht hat; dann werden wir erfahren, was für wunderbare Sachen in dem Kästchen lagen.

1 Was könnte in dem eisernen Kästchen sein? Male ein Bild.

2 Schreibe die Geschichte zu deinem Bild weiter.

Wir malen zum Text

1. Lies den Text still.

2. Überlege, was in der Geschichte passiert oder was in dem Gedicht dargestellt wird.

3. Male das, was du für besonders wichtig hältst.

4. Vergleicht eure Bilder. Begründet, warum ihr euer Bild so gemalt habt.

Ihr könnt euch auch selbst einen Text suchen: ein Gedicht, eine Geschichte oder einen Sachtext. Erst gut lesen – dann malen.

Wenn mehrere Kinder zum gleichen Text malen, kann man sehen, was sich jeder vorgestellt hat.

Verschiedene Bilder, aber alle sind richtig.

Märchen erzählen

Rotkäppchen

Es war einmal ein kleines Mädchen, das jedermann lieb hatte. Seine Großmutter schenkte ihm ein Käppchen aus rotem Samt. Und weil ihm das so gut stand und es nichts anderes mehr tragen wollte, hieß es nur noch **Rotkäppchen**. Eines Tages sprach seine Mutter zu ihm: „Komm Rotkäppchen, da hast du ein Stück **Kuchen** und eine Flasche **Wein**. Bring das der Großmutter, sie ist krank und schwach und wird sich daran laben. Aber geh nicht vom Weg ab!“ …

1 Wie kannst du erfahren, wie das Märchen weitergeht?

2 Erzähle das ganze Märchen. Nimm den roten Faden zu Hilfe.

3 Erzählt ein anderes Märchen mit einem roten Faden. Überlegt gemeinsam, was ihr auf die Karten malt oder schreibt.

Zu einem Bild schreiben

Schreibe zu dem Bild einen Text.
Du kannst zu dem ganzen Bild oder zu einem Teil des Bildes schreiben.

Verben

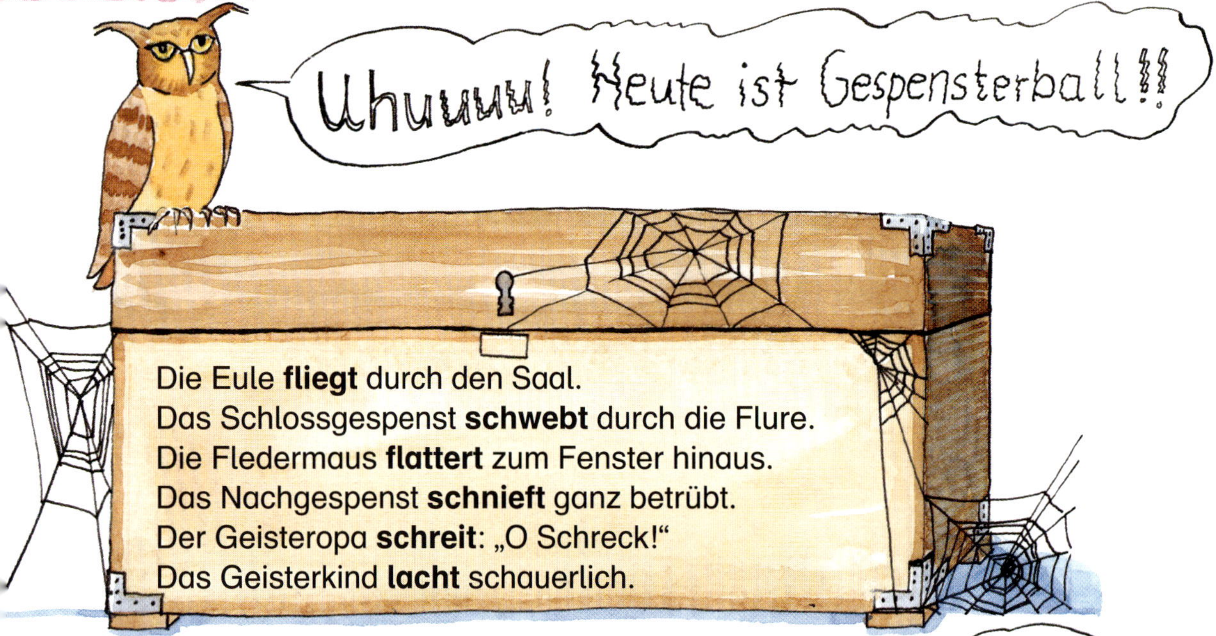

Die Eule **fliegt** durch den Saal.
Das Schlossgespenst **schwebt** durch die Flure.
Die Fledermaus **flattert** zum Fenster hinaus.
Das Nachgespenst **schnieft** ganz betrübt.
Der Geisteropa **schreit**: „O Schreck!"
Das Geisterkind **lacht** schauerlich.

1 Forme die Sätze um und schreibe so:

Viele Eulen fliegen durch den Saal.
Viele Schlossgespenster schweben …

2 Was fällt dir auf?

3 Lege eine Tabelle an.

sie fliegt	*sie fliegen*
es schwebt	*sie schweben*
sie flattert	*sie …*
es …	*sie*
er	*sie*
es	*sie*

schweb**t**	Diese Wörter nennt man Verben.
schweb**en**	Sie können ihre Form verändern.

4 Kreise die Endungen der Verben in der Tabelle ein.

5 Bilde mit diesen Verben weitere Gespenstersätze.

6 Unterstreiche die Verben und kreise die Endungen ein.

S. 204

Glocken dröhnen
Winde stöhnen
Ecken knistern
Stimmen flüstern

Äxte hacken
Stufen knacken
Ketten rasseln
Funken prasseln

Schritte schleifen
Ratten pf
Hexen lachen
Fenster kr

Schüsse knallen
Bilder f
Balken ächzen
Raben kr

Dielen quietschen
Geigen fietschen
Flügel flattern
Ziegel r

Türen schlagen
Eulen kl
Rohre tropfen
Geister kl

Motten schwirren
Schlüssel kl

1 Lies die Texte und ergänze die fehlenden Verben.

2 Trage einen Text so vor, dass er gruselig klingt.

3 Bei welchen Verben hörst du schon am Klang, was sie bedeuten?

4 Was kannst du an diesem Gedicht entdecken?

Wer kann selbst ein Gedicht nach diesem Muster schreiben?

Wörter, die sagen, was geschieht oder was man tut, heißen Verben.
In der Grundform werden sie immer mit -n oder -en am Ende geschrieben.

S. 204

St/st – Sp/sp

1 Schreibe die Nomen mit dem Artikel auf.

2 Kreise **St/st** und **Sp/sp** ein.

3 Welche Wörter findest du noch?

Spuksätze

Gespenster	spielen	auf dem Dachboden
Vampire	stampfen	aus dem Fenster
Poltergeister	springen	durch das Schloss
Skelette	spuken	auf der Treppe
Geisterkinder	stolpern	durch den Saal

4 Bilde viele verschiedene Sätze. Schreibe sie auf. Unterstreiche die Verben.

Lernwörter-Training

Mitternacht

Das ist die Stunde
der Geister und Gespenster!
Die kleinen Gespenster
spielen.
Die großen Gespenster
spuken durch das Schloss.
Man hört viele Stimmen.
Es wispert und flüstert.
Nach einer Stunde
ist der Spuk vorbei.

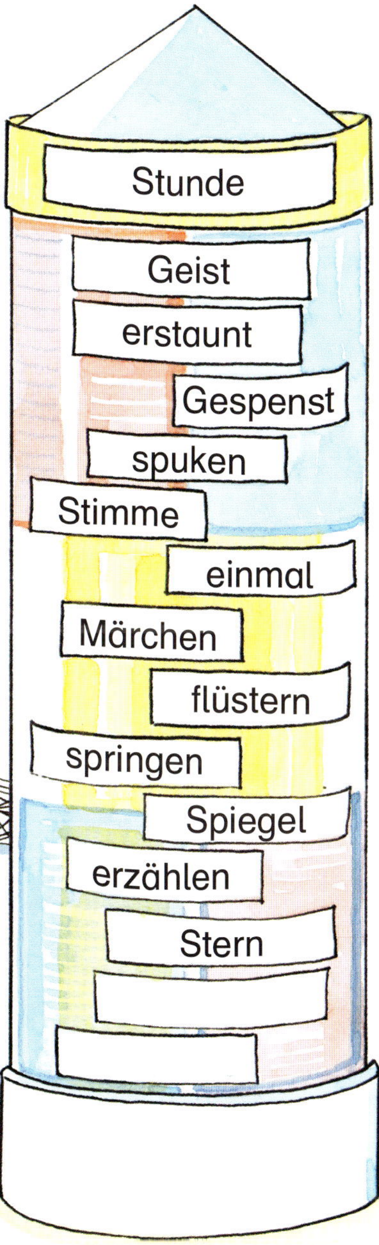

4 Findest du heraus, was da steht?

5 Schreibe so, dass man den Text lesen kann.

6 Unterstreiche die Wörter mit **St/st**.
Was stellst du fest?

7 Unterstreiche die Wörter mit **Sp/sp** in einer anderen Farbe.

8 Schreibe die Wörter in eine Tabelle.

9 Bilde Sätze mit den Lernwörtern.

Sp/sp	*St/st*

Wusstest du schon, dass …

- in einer Löwenzahnblüte 200 Samen heranreifen, die alle zu fliegenden Schirmchen werden? Sie können bis zu 10 km weit vom Wind getragen werden.
- ein Maulwurf in einer Minute einen 30 cm langen Tunnel graben kann? In einer Nacht kann er Tunnel von fast 100 m Länge anlegen.
- es riesige Bagger gibt, in deren Schaufel ein Auto hineinpasst? Man nennt sie Braunkohlebagger.
- manche Flugzeuge im Jahr oft weitere Strecken auf dem Boden rollen als viele Autos?

Staunen

Ich staune über die Farben eines Falters,
der im Sonnenlicht seine Flügel öffnet.

Ich staune über die winzigen Ameisen,
die auf Ameisenstraßen eifrig schwere Lasten tragen.

Ich staune über Wolken, die wie Schäfchen aussehen
und sich verändern, wenn der Wind sie treibt.

Ich staune über den Tau auf den Wiesen
und über das Spinngewebsglitzern darauf.

Ich staune über die ersten Knospen im Frühling,
die mir zeigen, dass neues Leben erwacht.

Ich staune über das bunte Laub im Herbst,
das unter meinen Füßen raschelt.

Mit offenen Augen für die Welt
entdecke ich immer wieder Neues.

Bärbel Klein

Die Löwenzahnpost

Die Baummaus saß auf einem Stein und guckte in die Luft. Plötzlich sah sie seltsame Dinger daherfliegen.

Die Maus fing eines der fliegenden Stäbchen auf und ging in die Richtung, aus der sie geflogen kamen. Was ist das?, dachte sie.

Kurz darauf sah sie die Lösung des Rätsels. Es waren Löwenzahnsamen, die der Wind davonwehte! Die Baummaus hatte wieder einmal eine gute Idee …

Sie lief rasch nach Hause und schrieb viele Briefe an ihre Freunde – an die Grasmäuse, die Schilfmäuse, die Feldmäuse, die Erdmäuse, die Wassermäuse und wie sie alle heißen.

Dann nahm sie die Briefe und trug sie zu den Löwenzahnpflanzen. Jeden Brief klebte sie an einen Löwenzahnsamen und warf ihn dann in die Luft.

Der Wind wehte sie schnell davon. „Fliegt! Fliegt!“, rief die Baummaus. „Fliegt zu meinen Freunden!“ Wir wollen hoffen, dass die Briefe angekommen sind.

Erwin Moser

Die Samen des Löwenzahns schweben wie an einem Fallschirm durch die Luft.

Fallschirm-Bastelanleitung

1. Schneide ein Quadrat aus Seidenpapier aus.
2. Knote um jede Ecke einen Wollfaden.
3. Fasse alle vier Fäden zusammen und verknote sie am Ende.
4. Stecke die Spitze einer Reißzwecke durch den Knoten und drücke sie in einen Korken.

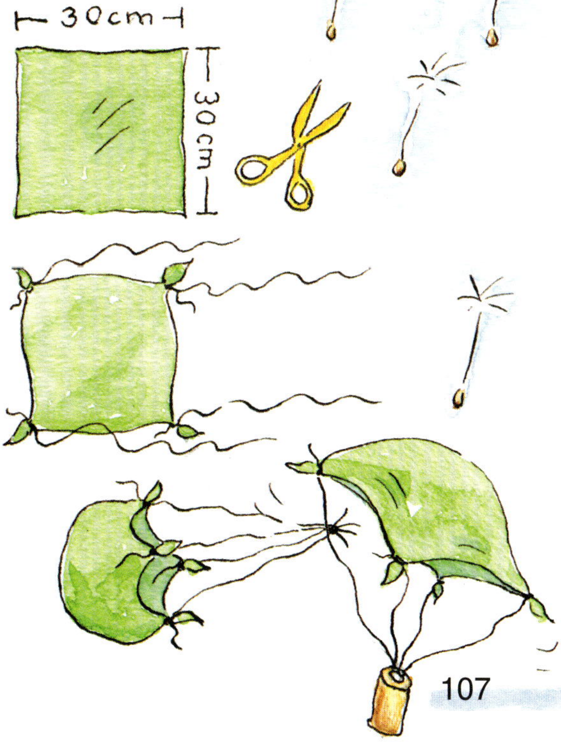

Schreibe eine Liste mit den Materialien, die du zum Basteln eines Fallschirms brauchst.

Warum sind Löwenzahnblüten gelb?

Das weiß jedes Kind.
Weil Löwenzahnblüten
Briefkästen sind.

Wer hat die Briefkästen
aufgestellt?
Die grasgrüne Wiese.
Sie steckt in die Briefkästen
all ihre Grüße.

Wem werden die Grüße
zugestellt?
Das weiß jedes Kind.
Briefträger sind
Biene und ____.

Reiner Kunze

____

Wunderbar
stand er da im Silberhaar.

Aber eine Dame,
Annette war ihr Name,
machte ihre Backen dick,
machte ihre Lippen spitz,
blies einmal, blies mit Macht,
blies ihm fort die ganze Pracht.

Und er blieb am Platze
zurück mit einer Glatze.

Josef Guggenmos

1 Welche Wörter fehlen?

2 Suche dir ein Gedicht aus,
das du für den Lesevortrag üben willst.

3 Schreibe es auf ein Schmuckblatt
und gestalte es farbig.

Wir ergänzen die fehlenden Wörter

1. Im Text fehlt ein Wort.
Manchmal sind es auch mehrere Wörter.
Jedes Kind liest den Text still.

2. Jeder versucht herauszufinden,
wie die fehlenden Wörter heißen.

3. Überlegt gemeinsam.
Tauscht eure Ideen aus.

4. Vergleicht eure Ergebnisse.
Habt ihr unterschiedliche
Wörter ergänzt?
Begründet eure Entscheidung.

Vom Fliegen

Libellen

Libellen überm Schotterteich
im Sommerwind sich wiegen.
Ich lieg im hohen Gras und schau
und möchte in dem Sommerblau
mit ihnen fliegen, fliegen …

Fliegen wie ein Hubschrauber

Libellen haben vier Flügel
und fliegen auch ganz anders als Käfer.
Die fliegen nach oben, unten,
wechseln schnell die Richtung
und stehen auch schon mal auf der Stelle,
wie ein Hubschrauber.
Libellen jagen Fliegen
und andere Insekten in der Luft.
Sie müssen daher viel gewandter fliegen können
als der plumpe Maikäfer,
der sich nur von grünen Blättern ernährt.

Kim Taylor

1 Was erfährst du über Libellen?
Nenne die Textstellen.

2 Vergleiche die beiden Texte.
Was ist ähnlich?
Was ist verschieden?

3 Hast du schon einmal eine Libelle beobachtet?
Wo?

4 Was weißt du noch über Libellen?
Versuche, mehr zu erfahren.

Hubschrauber

Hubschrauber sind viel beweglicher als Flugzeuge. Deshalb werden sie in Notfällen eingesetzt. Sie können sogar im Gebirge Menschen retten. Bei Verkehrsunfällen transportieren sie Verletzte in kurzer Zeit in das nächste Krankenhaus.

Hubschrauber fliegen anders als normale Flugzeuge. Sie haben keine starren Flügel, sondern Rotorblätter.

Wenn sich der Hauptrotor ganz schnell dreht, strömt die Luft an den Blättern so vorbei, dass der Hubschrauber nach oben gezogen wird.

Der Pilot kann den Hauptrotor mit einem Hebel leicht nach vorne, hinten oder zur Seite kippen. Deshalb fliegen Hubschrauber in alle Richtungen, sogar steil nach oben und unten. Sie können auch in der Luft stehen bleiben. Zum Starten und Landen brauchen sie nur wenig Platz.

1 Stellt euch Fragen zum Text.

2 Was erfährst du über Hubschrauber?

3 Kennst du noch andere Situationen, in denen Hubschrauber gebraucht werden?

Z 4 Suche aus Sachbüchern Informationen über Flugzeuge. Vergleiche sie mit dem Hubschrauber.

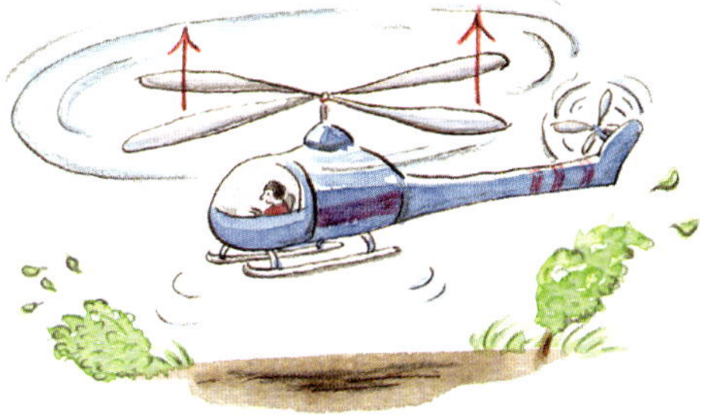

Wusstest du eigentlich, dass

- die erste Zeichnung eines Hubschraubermodells schon mehr als 500 Jahre alt ist? Diese stammt von dem italienischen Künstler und Ingenieur Leonardo da Vinci.
- die ersten Hubschrauber, die fliegen konnten, erst vor ungefähr 50 Jahren gebaut wurden?

Kleine Erfindungen – der Natur abgeschaut?

Kletten

Auf dem Foto siehst du die Blüten einer Klette. Die Klette gehört zur Familie der Korbblütler – genau wie der Löwenzahn. Die Kletten zählen zu den Pflanzen, die an Wald- und Wegrändern vorkommen. Man findet sie aber auch auf Schuttplätzen, an Ufern und ähnlichen Stellen.

Die Früchte der Klette sitzen in einer Hülle mit vielen kleinen Haken. Die Haken sorgen dafür, dass die Früchte am Fell oder im Gefieder von Tieren hängen bleiben. Die Tiere nehmen die Früchte auf ihrem Weg durch die Natur mit. Irgendwann lösen sie sich wieder und fallen auf den Boden, wo neue Pflanzen entstehen. So sorgen die Tiere dafür, dass die Kletten verbreitet werden.

1 Wie halten sich Kletten im Fell oder Gefieder von Tieren fest?

2 Weißt du, warum Kinder Kletten ganz besonders gern mögen?

… und der Klettverschluss

1 Was ist auf dem Foto?
Hast du es gleich gewusst?
Woran hast du es erkannt?

2 Die Kinder einer vierten Klasse haben
Texte zum Klettverschluss geschrieben.
Lies die Texte und vergleiche sie.

3 Was erfährst du über Klettverschlüsse?
Schreibe diese Informationen heraus.

4 Verwende deine Notizen für ein Rätsel, das du jemandem stellen kannst.
Das Nomen Klettverschluss darfst du dabei nicht verwenden.
Deshalb musst du dafür er schreiben: ***Er** ist …*

Der Klettverschluss

Ein Klettverschluss – ihr wisst sicher alle,
was das ist, oder?
Aber eine genaue Beschreibung hattet ihr
bestimmt noch nicht.
Hört gut zu!
Ein Klettverschluss hat zwei Teile.
Er hält dadurch, dass man sie zusammendrückt.
Das allein stimmt aber nicht.
Der Klettverschluss hält auch dadurch,
dass viele kleine Häkchen auf der einen Seite
sind und auf der anderen Seite ist feine Wolle.
Wenn man ihn ein bisschen biegt,
sieht man das genau.
Sobald man beide Seiten zusammendrückt,
verhakt sich die Wolle mit den Haken
und so hält der Verschluss.

Christoph

Ein Klettverschluss

Der Klettverschluss ist ein praktisches
Verschlussmittel. Er lässt sich bei Wind
und Wetter schnell schließen und öffnen.
Aber er kann nicht viel Gewicht aus-
halten, denn dann reißen die Haare aus
der Wolle.
Der Klettverschluss funktioniert
durch 2 mm hohe Haken
und durch Millionen von Wollhaaren.
Die Haken verwickeln sich in der Wolle.

Alexander

Max, der Erfinder

Hallo, ich bin Max, der Erfinder.
Ich erfinde gerade einen Klettverschluss.
Der Klettverschluss hat zwei Seiten:
eine Wollseite und eine mit Haken.
Die Seite mit der Wolle verheddert sich
in den Plastikhaken.
Wenn man den Verschluss aufreißt,
dann zieht sich die Wolle aus den Haken
heraus. Er ist auch laut dabei, weil sich
die Wolle rausreißt. Der Klettverschluss
kann viele Sachen zusammenhalten:
Schuhe, Inliner, Rucksack, Geldbeutel, …
und noch viel mehr.

Max

Der Maulwurf Grabowski

Grabowski lebte unter der großen, bunten Wiese am Stadtrand. An seinem weichen, samtenen Fell, an seinen großen Grabekrallen und an seiner rosa Nase erkannte man, dass Grabowski ein Maulwurf war. Am Tage arbeitete er sehr schwer. Er grub Gänge unter die Wiese und warf kleine Erdhügel auf. Dabei schafften seine Grabekrallen wie ein richtiger kleiner Bagger. „Hoppla“, murmelte er, wenn er auf einen Stein stieß, und schubste ihn zur Seite.

Am Abend, wenn die Lichter in der nahen Stadt aufleuchteten, kroch Grabowski aus der Erde heraus, säuberte seine Grabekrallen und genoss den Frieden auf seiner Wiese. „Wie behaglich, wie geruhsam“, dachte er dann.

Eigentlich gehörte die Wiese ja einem Bauern, der seine Kühe und seine Kälber darauf weiden ließ. Der Bauer ärgerte sich manchmal, wenn er die vielen Maulwurfshügel sah, und brummte: „Da macht einer mein schönes Weideland kaputt!“, und dabei stampfte er den einen oder anderen Erdhügel wieder platt.

Das war nicht weiter schlimm, man kann ja neue machen. Aber die Krähen da drüben im Wald, die wollten ihn fangen, vor denen war er sehr auf der Hut. Da blieb er tagsüber lieber unter der Erde, wo er sicher war …

Luis Murschetz

Eines Tages kamen Baumaschinen – auch ein Bagger – auf die Wiese. Grabowski musste einige Gefahren überstehen.

1 Finde zu jedem Abschnitt eine Überschrift.

2 Was erlebte Maulwurf Grabowski wohl alles, als der Bagger kam?

… und der Bagger

Der Maulwurf hat kurze, kräftige Arme und an jeder Vorderpfote große Krallen zum Graben.

Viele Bagger haben große „Krallen" aus Stahl. Diese können ganz unterschiedlich aussehen.

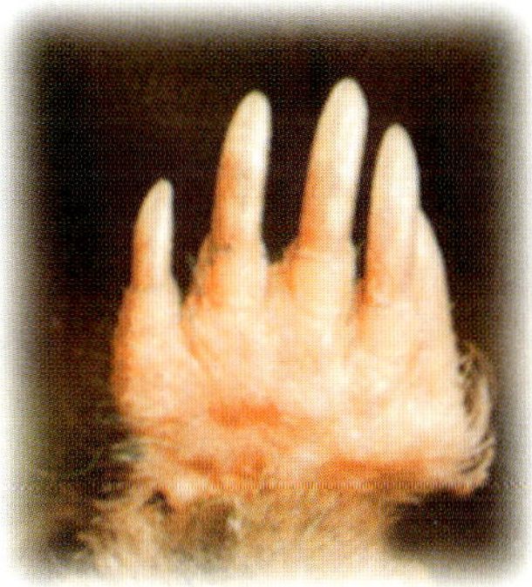

1. Betrachte die Bilder und vergleiche: Was ist ähnlich? Was ist verschieden?
2. Schreibe einen Text zum Maulwurf oder zum Bagger.
3. Kennst du noch andere Erfindungen, die von der Natur abgeguckt sind?

Eine Infothek

In einer Infothek kann man …

- **veröffentlichen**, was man zu einem Thema weiß.

- etwas zu einem Thema **mitbringen**.

Thema: Löwenzahn

- etwas **sammeln** und **ausstellen**.
- als Expertin oder Experte **Auskunft** zu einem Thema **geben**.

Spurensuche

ein We?  → viele Wege 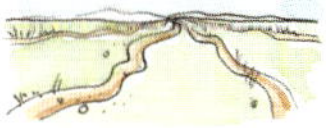

ein Wal?  → viele Wälder 

ein Kor?  → viele Körbe 

Wie werden die Nomen in der Einzahl geschrieben?
Geh auf Spurensuche. Was fällt dir auf?

1 Schreibe die Nomen so:

bei *Weg* —denk an→ *Wege*

bei *Wal_* —denk an→ …

bei *Kor_*

2 Markiere in jedem Nomen die wichtige Stelle.

3 Schreibe auch diese Nomen so:

Ra_ 	Flugzeu_ 	Ber_ 	Bil_ 	Zu_ 	Win_ 
Ta_ 	Kin_ 	Die_ 	Sie_ 	Fel_ 	Bur_ 

4 Schreibe diese Wörter wie oben.

gelb | wild | lieb | rund | grob | blind

bei *gelb* —denk an→ *gelbe*

bei *wild* —denk an→ …

Wenn du nicht sicher bist, wie ein Wort am Ende geschrieben wird, dann verlängere das Wort.

S. 209

Lernwörter-Training

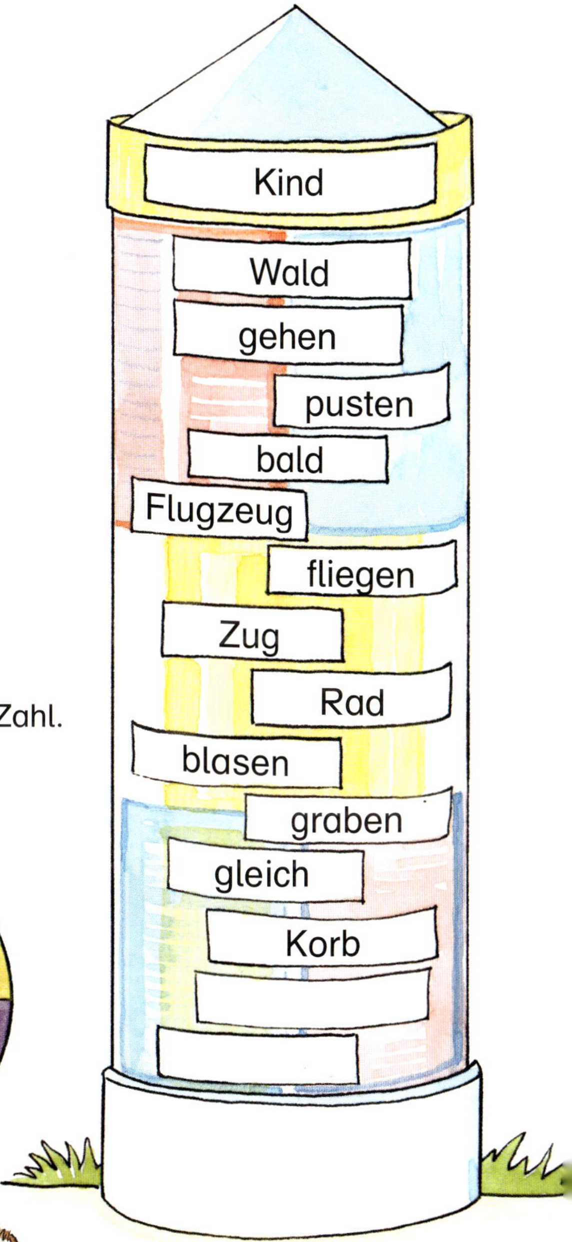

4 Ordne die Lernwörter nach dem Abc.

5 Schreibe alle Nomen auf.
Bilde Einzahl und Mehrzahl.

6 Was passt zusammen?

ge-	pus-	flie-	gra-	bla-
-gen	-hen	-ten	-sen	-ben

7 **Wörterräder**

Würfle mit zwei Würfeln.
Suche aus jedem Rad das Wort zur jeweiligen Zahl.
Bilde mit beiden Wörtern einen Satz.

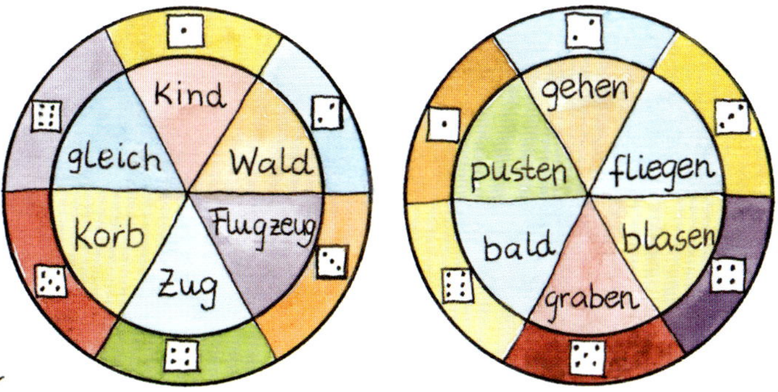

8 **Wortbausteine**
Bilde Wörter.

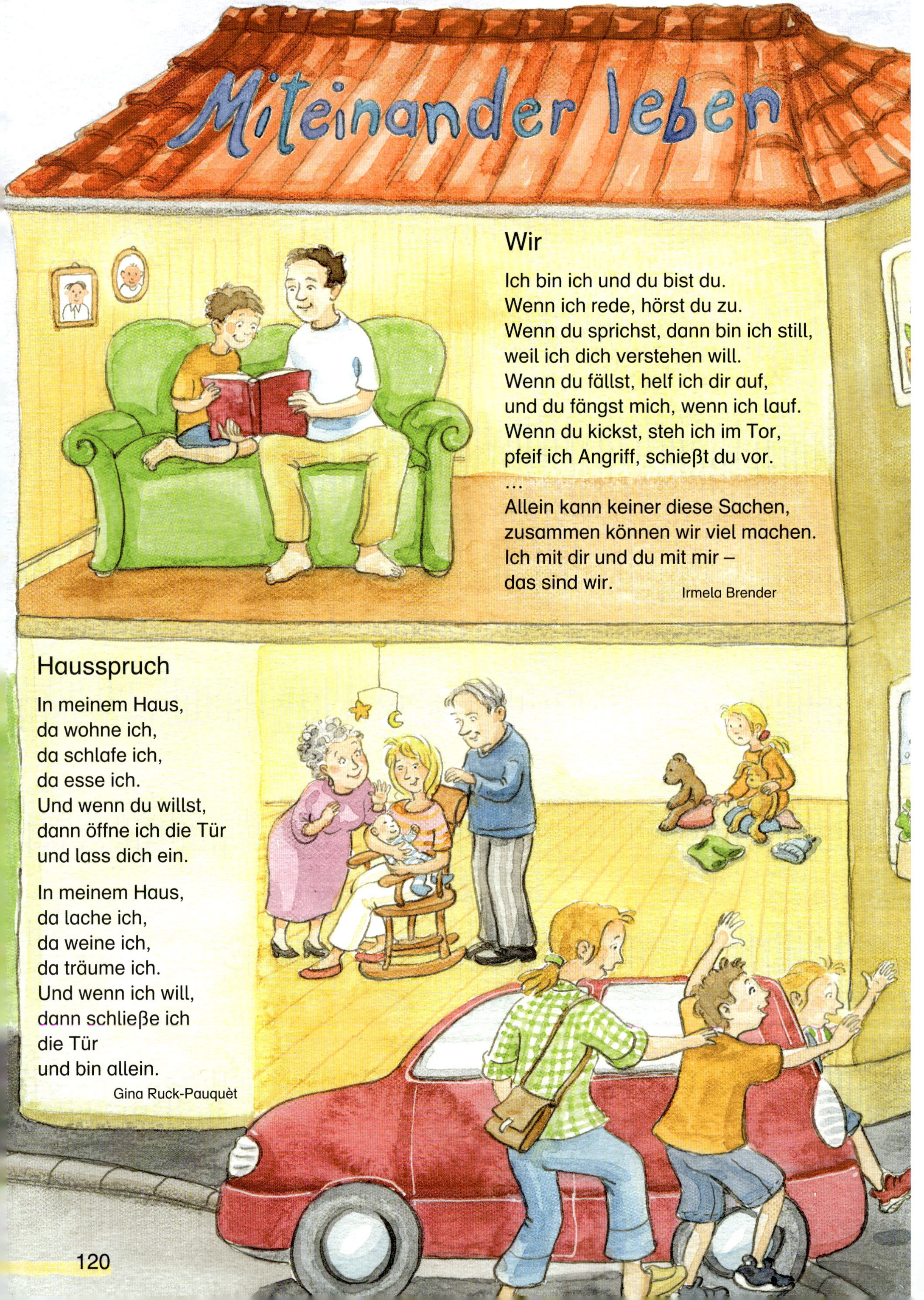

Miteinander leben

Wir

Ich bin ich und du bist du.
Wenn ich rede, hörst du zu.
Wenn du sprichst, dann bin ich still,
weil ich dich verstehen will.
Wenn du fällst, helf ich dir auf,
und du fängst mich, wenn ich lauf.
Wenn du kickst, steh ich im Tor,
pfeif ich Angriff, schießt du vor.
...
Allein kann keiner diese Sachen,
zusammen können wir viel machen.
Ich mit dir und du mit mir –
das sind wir.

Irmela Brender

Hausspruch

In meinem Haus,
da wohne ich,
da schlafe ich,
da esse ich.
Und wenn du willst,
dann öffne ich die Tür
und lass dich ein.

In meinem Haus,
da lache ich,
da weine ich,
da träume ich.
Und wenn ich will,
dann schließe ich
die Tür
und bin allein.

Gina Ruck-Pauquèt

Wenn meine Eltern streiten

Wenn meine Eltern streiten,
dann hätt ich gern viel Geld,
um einfach wegzureiten
bis an den Rand der Welt.

Angela Sommer-Bodenburg

Wann Freunde wichtig sind

Freunde sind wichtig
zum Sandburgenbauen,
Freunde sind wichtig,
wenn andre dich hauen,
Freunde sind wichtig
zum Schneckenhaussuchen,
Freunde sind wichtig
zum Essen von Kuchen.

Vormittags, abends,
im Freien, im Zimmer …
Wann Freunde wichtig sind?
Eigentlich immer!

Georg Bydlinski

Die Panne

Mama war im Zoo. Sie mag Affen so gern.
Julia war mit im Zoo. Max war auch mit.

Sie fahren heim. Das Auto brummt.
Mama summt vor sich hin.

Auf einmal rumpelt es leise und immer lauter.

Mama hält an und steigt aus.

Der Reifen ist platt.

„Das kann ich nicht!", sagt Mama hilflos.
„Das macht Papa!"
Aber Papa ist nicht da.

„Also los!", sagt Mama
und krempelt energisch die Ärmel auf.

Mama hebt das Auto hoch.
Der Wagen-Heber hilft ihr.
Mama löst die Schrauben.
Der Schrauben-Schlüssel hilft ihr.

Mama hebt das Rad runter.
Das macht sie allein.

Mama holt das Reserve-Rad
aus dem Koffer-Raum.
Julia hilft ihr.

Mama hebt das Reserve-Rad
auf den leeren Platz.
Max und Julia wollen helfen,
aber Mama will es allein machen.

Mama dreht die Schrauben fest.
Der Schrauben-Schlüssel hilft ihr.

Mama lässt das Auto runter.
Sie strahlt und lacht.

Mama nimmt das platte Rad.
Julia nimmt den Wagen-Heber.
Max nimmt den Schrauben-Schlüssel.
Alles kommt in den Koffer-Raum.
Mama knallt den Deckel zu.

„Das kann ich jetzt!",
sagt Mama zufrieden.
Und dann fahren sie heim.

Mama singt ein wildes Lied
von Affen im Urwald.
Max und Julia singen mit.
Es ist sehr laut im Auto.

Ute Andresen

1 Wie viele Kinder braucht ihr, um die Geschichte zu spielen? Bildet Gruppen.

2 Überlegt, wie ihr die Geschichte spielen wollt. Probt. S. 41

3 Spielt eure Geschichte einer anderen Gruppe vor. Vergleicht eure Aufführungen.

Warum? – Darum!

Papa hat ein kleines Album mit Fotos. Auf jedem Foto ist Papa zu sehen.

Vorne im Album ist Papa klein. Hinten im Album ist Papa groß.

Von vorne nach hinten durch das ganze Album wird Papa immer älter.

Max will das Album mit Papa ansehen. „So rum!“, sagt Max. „Von hinten nach vorne.“

„Warum so rum?“, fragt Papa. „Darum so rum!“, sagt Max. „Sei nicht frech!“, sagt Papa.

Ganz hinten im Album ist Papa elegant: Haare mit Scheitel, Anzug mit Krawatte, schicke Schuhe.

„Lackaffe!“, sagt Max. „Sei nicht frech!“, sagt Papa.

Weiter vorne im Album ist Papa etwas wild: ganz lange Haare, Hose mit Fransen, keine Schuhe.

„Gammler!“, sagt Max. „Sei nicht frech!“, sagt Papa.

Noch weiter vorne im Album ist Papa sportlich: ganz kurze Haare, Badehose, braune Haut.

„Wie ich!“, sagt Max. „Stimmt genau!“, sagt Papa. „Du bist ja auch mein Sohn!“

Ganz vorne im Album ist Papa niedlich: gar keine Haare, kleiner Dickbauch, Zeh im Mund.

„Das kannst du nicht mehr“, sagt Max. „Sei nicht frech!“, sagt Papa.

Max hebt einen Fuß bis über den Kopf. „Bravo!“, sagt Papa. „Jetzt du!“, sagt Max. „Keine Lust!“, sagt Papa.

„Warum nicht?“, fragt Max. „Darum nicht!“, sagt Papa.

„Aha!“, sagt Max. Max grinst frech.

Ute Andresen

1 Wie mag der Papa von Max wohl ausgesehen haben? Male. S. 97

2 Vergleicht eure Bilder.

3 Schaut ihr euch auch manchmal alte Fotos an? Sprecht darüber.

Za-Za's Baby Brother

Lucy Cousins

1. Was geschieht in der Geschichte?
2. Wie fühlt sich Za-Za?
3. Was macht dich eifersüchtig?

Hier kannst du die Geschichte auf Deutsch lesen.

Küsse kann man nicht abwaschen

Natürlich mag ich Martin.
Aber das geht zu weit!
Mitten in der ersten Pause
gibt er mir plötzlich einen Kuss.
Einfach so.
Auf die Wange.
„Was soll denn das!“, rufe ich wütend
und rase aufs Mädchenklo.
Was fällt dem eigentlich ein!
Ich schrubbe mir die Wange,
bis sie rot ist.
Als ich aus dem Klo komme,
wartet Martin auf mich und grient:
„Einen Kuss kann man nicht abwaschen.“
„Kann man wohl!“, rufe ich sauer.
„So einfach ist das nicht“, sagt Martin.
„Wenn du den Kuss nicht willst,
musst du ihn mir schon zurückgeben!“
„Da hast du ihn!“
Schon habe ich Martin einen Kuss
auf die Backe geknallt.
Ich will ins Klassenzimmer,
aber Martin hält mich fest.
„Moment mal!“, sagt er.
„Das war nicht mein Kuss!
Das war ein anderer!“
Martin grinst mich an:
„Also her mit **meinem** Kuss! Sofort!“
„Nö!“, sag ich und grinse auch:
„Deinen Kuss kriegst du frühestens
in der nächsten Pause.
Und auch nur,
wenn du mir vorher **meinen** Kuss zurückgibst!“

Julia Boehme

1 Welche Gefühle zeigen Martin und das Mädchen? Belege mit Textstellen.

2 Was macht dich wütend, glücklich, …?

3 Ein Kind spielt ein Gefühl ohne Worte vor. Die anderen Kinder erraten es.

Keith Haring

Das ist Keith Haring.

Schon als kleiner Junge war Malen seine Lieblings-beschäftigung. Berühmt wurde Keith Haring durch seine Zeichnungen in der New Yorker U-Bahn. Genau dort konnte er mit seinen Bildern möglichst viele Menschen erreichen und sie dazu ermuntern, über seine Zeichnungen zu sprechen und nachzudenken.

1 Suche dir ein Bild aus. Schreibe dazu.

2 Stellt euch eure Texte vor.

Julia im Bad

„Du spinnst ja!“, schreit Mama.
„Du glaubst wohl, ich bin deine Putzfrau!“
„Du verstehst gar nichts!“, schreit Papa.
„Du hältst mich doch für einen Idioten!
Ich kann alles tausendmal sagen!
Aber du willst mich nicht verstehen!“
„Du willst **mich** nicht verstehen!“,
schreit Mama.
„Du hast mich noch nie verstanden!“
Wenn sich Mama und Papa so anschreien,
kommt sich Julia jämmerlich verloren und verlassen vor.
Das ist noch viel schlimmer als Bauchschmerzen und Zahnweh zusammen.
Schlimmer als Feueralarm, Hochwasser und Hautausschlag.
Beim Abendessen ist es schon wieder so weit.
Und obwohl Mama heute so leckere Spagetti gekocht hat,
wollen die gar nicht recht schmecken.
Julia ist der Appetit vergangen.
Wenn Mama und Papa streiten,
vergeht ihr immer der Appetit …
Plötzlich knallt Julia den Löffel auf den Tisch.
Tomatensoße spritzt über die Tischdecke …
Sie rennt rüber ins Badezimmer
und sperrt die Tür zu …

Erhard Dietl

Hier kannst du diese Geschichte und andere Streitgeschichten nachlesen.

1 Wie geht die Geschichte weiter? Schreibe.

2 Stellt euch die Texte vor.

3 Vergleicht eure Fortsetzungen mit dem Originaltext. S. 223

Wir vermuten, wie die Geschichte weitergeht

1. Jedes Kind liest den Text.
   Es ist nur der Anfang der Geschichte.

2. Überlegt gemeinsam,
   was ihr aus dem Text erfahren habt.
   Ihr könnt euch auch gegenseitig
   Fragen zum Text stellen.

3. Überlegt, wie die Geschichte
   weitergehen könnte.
   Jeder schreibt seine Ideen auf.

4. Stellt eure Texte den anderen vor.
   Erzählt, wie ihr auf die Ideen
   gekommen seid.

5. Jedes Kind liest die Geschichte zu Ende.
   Was stimmt mit deinem Text überein?

6. Vergleicht eure Texte
   mit der Geschichte des Autors.
   Was stellt ihr fest?

Deine Fortsetzung sollte zum Anfang der Geschichte passen.

Deshalb sollte man den Anfang auch schon ziemlich genau lesen.

Das bin ich

Mama sagt, die Locken hab ich von ihr
und dass ich schnell lernen kann, auch.
Papa sagt, die blauen Augen, die hab ich von ihm
und dass ich gut turnen kann, auch.
Oma sagt, die Nase hab ich von ihr
und dass ich schön singen kann, auch.

Aber wenn ich mal ein bisschen schwindle,
sagt Papa zu Mama:
„Das hat er von dir."
Wenn ich zu viel esse und mir schlecht wird,
sagt Mama zu Papa:
„Das hat er von dir."
Und wenn mich mal die Wut packt
und ich frech und ungezogen bin,
dann zanken sich Mama und Papa,
Oma und Opa, weil sie nicht wissen,
von wem ich das nun habe.

Ich bin froh,
dass ich auch was von mir selber hab!

Margret Rettich

1 Was erfährst du über das Kind?

2 Was würdest du über dich schreiben?

3 Gestalte ein *Das-bin-ich*-Leporello.

4 Stellt eure Leporellos vor.

Sich streiten – sich vertragen

1 Welche Situation findest du besonders interessant?
Suche andere Kinder, die den gleichen Text ausgesucht haben.

2 Überlegt gemeinsam, welche Lösungen möglich sind.
Verteilt die Rollen.
Spielt eure Geschichte vor.

3 Sprecht über eure Lösungen:
War das eine gute Lösung für alle? Gibt es andere Lösungen?

4 Spielt andere Rollenspiele.

Marie und Tim sind in einer Spielgruppe, die sich nach der Schule trifft. Alle Kinder bringen Spielzeug mit. Tim hat ein neues Spiel mitgebracht. Marie möchte damit spielen, aber Tim sagt, dass das Spiel nur für eine Person ist und dass er jetzt damit spielt.

Julia und Daniel sind Geschwister. Julia ist zehn Jahre alt und geht schon in die vierte Klasse. Sie darf jeden Abend eine Stunde länger aufbleiben als Daniel, der in die zweite Klasse geht. „Das ist furchtbar ungerecht von Mama und Papa!“, meint Daniel.

Weitere Ideen für Rollenspiele

- Michelle kommt zu spät nach Hause. Der Vater schimpft.
- Cedrics Zimmer ist absolut unordentlich. Die Mutter kommt rein und regt sich auf.
- Judith möchte sofort nach der Schule ihre Freundin Sophie besuchen. Die Mutter will, dass Judith zuerst ihre Hausaufgaben macht.

Adjektive

Tierfreundschaften

Eine alte Maus und ein junger Elefant waren Freunde. Eines Tages ging die winzige Maus mit dem riesigen Elefanten ins Freibad. Die kleine Maus huschte schnell zur Liegewiese, während der große Elefant langsam zum Beckenrand trottete und ins Wasser sprang. Im Wasser war es erfrischend kühl. Auf der Liegewiese wurde es der Maus allerdings schon sehr bald zu heiß. Sie wollte nun auch ins Wasser und begann leise nach ihrer Badehose zu suchen. Dabei hörte sie das laute Trompeten ihres Freundes. Die Maus machte sich ganz dünn und krabbelte in die äußerste Ecke ihrer Badetasche, um ihre Hose zu suchen. Der Elefant machte sich ganz dick und sprang vom Ein-Meter-Brett, so dass das Wasser nur so spritzte. Die Kinder klatschten und er war richtig glücklich. Im Gegensatz zum Elefanten wurde die Maus allmählich traurig. Aber da fiel ihr ein, wo die Badehose vielleicht sein könnte. Sie lief zum Beckenrand und rief dem Elefanten zu: „Komm sofort aus dem Wasser! Ich will sehen, ob du meine Badehose anhast!“

Die roten Wörter beschreiben die Maus und den Elefanten.

1 Ordne die Wörter den richtigen Tieren zu.
Schreibe so in eine Tabelle:

Maus	***Elefant***
alt	*jung*
winzig	

2 Was fällt dir auf?

3 Schreibe Gegensatzpaare auf: *jung – alt, …*

Die Wörter in der Tabelle nennt man Adjektive. Adjektive beschreiben, wie etwas ist. Zu vielen Adjektiven gibt es Wörter, die das Gegenteil sagen.

4 Suche noch weitere Adjektive im Text.

S. 205

Tierfamilien

Als die Maus und der Elefant
am Abend nach Hause kommen,
erzählen sie dort von ihren Freunden.

Ein Elefant und eine Maus
wollen ins Theater gehen.
An der Kasse hängt ein Schild:

„O nein“, sagt der Elefant.
„Das wird mir dann doch zu teuer!“

Mein Freund, der Elefant, ist schwer.
Seine Mutter ist noch schwerer.
Aber sein Vater ist am schwersten.

Mein Freund, die Maus, ist leicht.
Seine Frau ist noch leichter.
Und ihre Kinder sind am leichtesten.

1 Suche alle Adjektive aus der Geschichte.
Steigere sie so:
jung – jünger – am jüngsten
alt – älter – am ältesten

S. 132

2 Bilde Sätze mit den Adjektiven. Schreibe so:
Der Mäusevater ist jung.
Die Mäusemutter ist jünger.
Die Mäusekinder sind am jüngsten.

Die meisten Adjektive lassen sich steigern.

3 Suche Adjektive.
Schreibe sie mit ihren Steigerungsformen auf:
bunt – bunter – am buntesten

S. 205

Richtig schreiben – sicher schreiben

1 Finde zu den ä-Wörtern die verwandten a-Wörter.

Das kommt von **Rätsel**

Väter	kommt von	Vater	Hände	kommt von	Hand	B□nke	kommt von	?
Gl□ser	kommt von	?	M□nner	kommt von	?	B□lle	kommt von	?
S□tze	kommt von	?	W□lder	kommt von	?	W□nde	kommt von	?
□ste	kommt von	?	□rzte	kommt von	?	□pfel	kommt von	?
fährt	kommt von	fahren	f□llt	kommt von	?	l□sst	kommt von	?
stärker	kommt von	stark	schw□cher	kommt von	?	□rmer	kommt von	?
zählen	kommt von	Zahl	h□ngen	kommt von	?	w□hlen	kommt von	?

2 Schreibe die Wörter. Sprich dazu.

Väter – Vater
Gläser – …

Z **3** Schreibe Sätze zu den Wörtern.

*Alle **Väter** und Mütter sind zum Familienfest eingeladen.*
*Mein **Vater** spielt mit Tim Fußball.*

S. 208

Lernwörter-Training

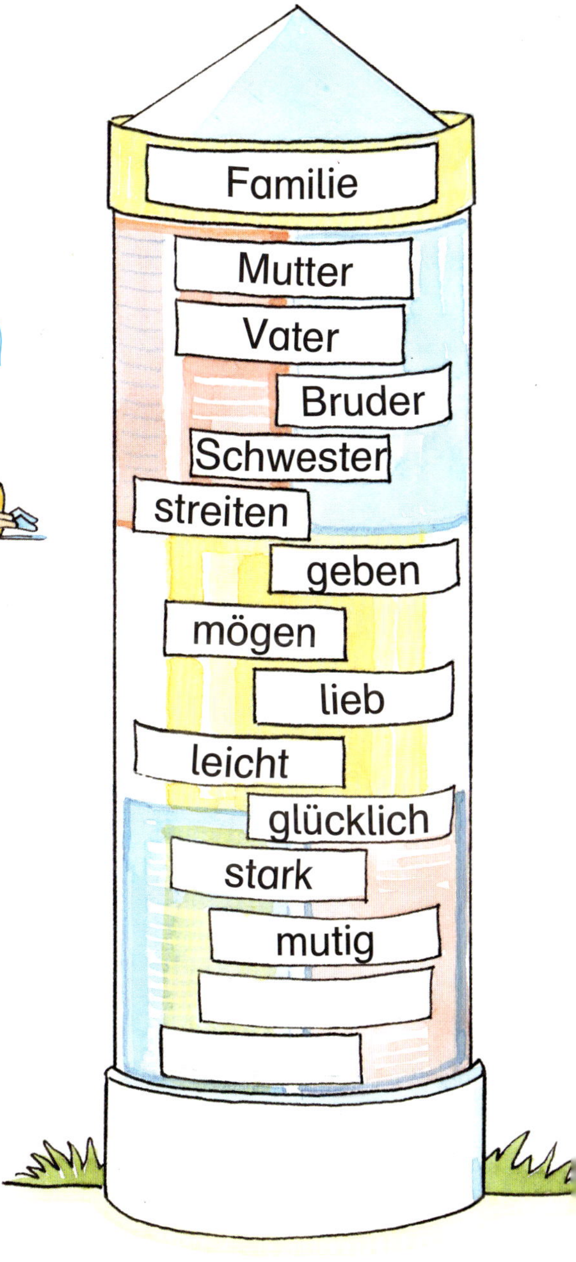

4 Spielt das Wörterrätsel. S. 68

5 Schreibe jeweils einen Satz mit:

Familie | Mutter | Vater | Bruder | Schwester

6 Schreibe jeweils eine Frage mit:

streiten | geben | mögen S. 66

7 Suche die Gegensätze zu den Lernwörtern:

lieb | leicht | glücklich | stark | mutig

8 Ordne die Lernwörter nach dem Abc.

Stummes Diktat

9 Diktiert euch gegenseitig die Lernwörter.

Bewege dabei nur stumm die Lippen zu jedem einzelnen Buchstaben.

Lies genau von den Lippen ab und schreibe das Lernwort auf.

Kontrolliert gemeinsam.

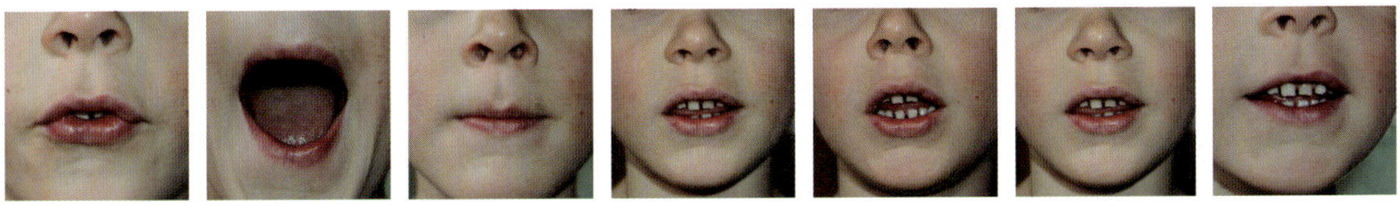

F A M I L I E

Mach mit – bleib fit

Wippe

Warte ein Weilchen –
auf geht es
und nieder.
Warte ein Weilchen –
gleich
schwebst du wieder.

Ute Andresen

Fernsehstunde

Jan sitzt mit seiner Oma vor dem Bildschirm. Ein Fußballspiel wird übertragen. „Tolles Spiel“, stellt Jan fest, „aber leider kein Tor!“ Schaut ihn seine Oma verwundert an und sagt: „Siehst du nicht? Da sind doch zwei.“

Trampolin

Das Trampolin
stammt aus Berlin
und ist nur mit Schwung
zu betreten.
Man tritt darauf
und hört nicht auf.
Es sei denn, man wird
drum gebeten.

Christine Koller

Energietrunk

Für zwei Gläser
brauchst du:
vier Orangen und
zwei Zitronen.
Presse die Früchte aus
und gieße den Saft in zwei
Gläser. Trinke den Saft
möglichst bald,
damit keine Vitamine
verloren gehen.

Wenn man nach dem Zähneputzen
abends noch was Süßes isst,
hat das Putzen wenig Nutzen,
weil das Süße Löcher frisst.

Britta Cornelius
11 Jahre

Caroline hilft dem Mond

Draußen vor dem Fenster steht der Mond wie ein großer gelber Kürbis am Himmel. Aber irgendwie fehlt es ihm heute an Leuchtkraft. Er schimmert ganz matt und ohne Glanz. Und obwohl die Sterne viel kleiner sind, funkeln sie viel heller als der Mond. „Der Mond sieht heute so traurig aus“, findet Caroline. Sie kneift die Augen zusammen, um genauer sehen zu können, aber der Mond ist viel zu weit weg. „Da hilft nur eins“, denkt sich Caroline. „Ich werde hochfliegen und nachschauen, weshalb der Mond nicht mehr leuchten mag.“

In der Rakete ist es ziemlich eng – aber dafür ist sie auch besonders schnell. Der Garten, das Haus, die Straße, die Stadt und schließlich die ganze Erde werden immer kleiner. Draußen sausen die Sterne vorbei. Jetzt wird der Mond ganz schnell immer größer und größer.

Die Reise ist zu Ende und Caroline landet mitten auf der Nase des Mondes. Der Mond muss schielen, um Caroline überhaupt sehen zu können. Von nahem sieht sie, dass der Mond schon ganz rote Augen hat vom Weinen. „Ich heiße Caroline. Ich bin gekommen, um zu sehen, warum du heute gar nicht richtig leuchtest!“, erklärt die kleine Astronautin. „Ich kann nicht leuchten, weil ich heute nichts zu lachen habe“, antwortet der Mond. „Wenn du solche Zahnschmerzen hättest wie ich, könntest du auch nicht leuchten!“ Schon wieder rollt ihm eine große, dicke Träne über die Wange. „Wackelt dein Zahn denn?“, fragt sie.

Der Mond nickt und fast wäre Caroline samt ihrer Rakete von seiner Nase gerutscht. „He, Vorsicht!“, schreit sie. „Tschuldigung!“, sagt der Mond zerknirscht. „Soll ich mir deinen Zahn mal ansehen?“, fragt Caroline. „Mach doch mal den Mund auf.“ „Aaahh!“, macht der Mond.

Der Mund ist so groß wie eine Höhle und die Mondzähne sind so groß wie Felsbrocken. Caroline muss gar nicht lange suchen. Einer der Felsen-Zähne steht ganz schief und als Caroline sich dagegen stemmt, wackelt er. „Aua!“, schreit der Mond. „Der muss raus!“, entscheidet Caroline. „Du kannst den Mund wieder zumachen“, sagt sie zum Mond. „Wenn dein Wackelzahn raus ist, dann geht auch dein Zahnweh weg.“ „Bestimmt?“, fragt der Mond ein bisschen ängstlich. „Bestimmt!“, verspricht Caroline. „Ich habe mein Lasso um den Zahn gebunden. Und wenn ich jetzt zurück zur Erde fliege, dann ziehe ich deinen Zahn raus. Du musst nur noch einmal den Mund weit aufmachen.“

„Ist das wirklich ein guter Plan?“, fragt der Mond.
„Ein sehr guter Plan!“, beruhigt ihn Caroline.
Also steigt Caroline in ihre Rakete, winkt dem Mond noch einmal zu, startet und fliegt los.

Aber plötzlich bleibt die Rakete mit einem Ruck stehen und der Mond schreit „Aua!“.
Der Wackelzahn steckt doch fester drin, als Caroline angenommen hat …

Sabine Rahn

1 Was nun? Überlege, wie es weitergehen könnte. Male deine Geschichte.

2 Erzählt euch gegenseitig die Geschichten mit Hilfe eurer Bilder. Vielleicht haben die anderen noch Tipps für euren Text.

3 Schreibe deine Geschichte auf.

Wie Caroline das Problem mit dem Wackelzahn löst, könnt ihr in diesem Buch nachlesen.

Die Sache mit dem Zahnweh

Auf einmal, ganz plötzlich,
hab ich Zahnweh.
Der Schmerz ist entsetzlich.
Vielleicht hilft da Tee?!
Ich glaub schon, ich sterbe –
so groß ist der Schmerz.

„Da hilft nur der Zahnarzt,
das weißt du, mein Herz“,
sagt meine Mutter
und ruft ihn gleich an.
„Komm!“, drängt die Mutter,
„was sein muss, muss sein.“
Und so steigen wir in die Straßenbahn ein.
Fahren drei Stationen zum Schweizer Eck.

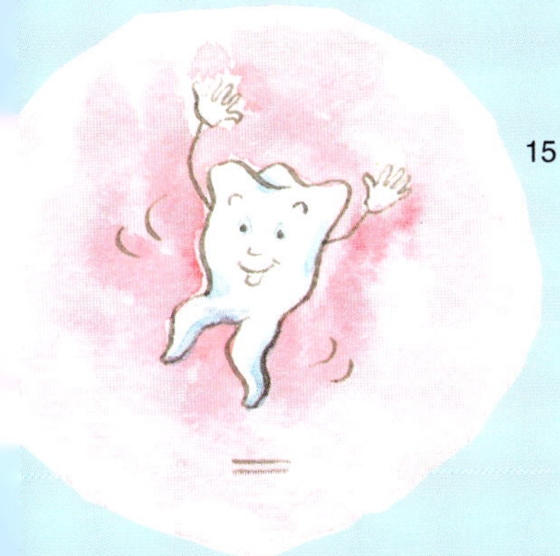

Dann im Wartezimmer,
ganz plötzlich,
sind die Zahnschmerzen weg.

Erich Ballinger

1 Was würdet ihr dem Kind raten?
Tauscht eure Ideen miteinander aus.

2 Spielt die Geschichte mit eurem Schluss.

Krankengeschichten vom Franz

Der Franz steckte die Taschenlampe in den Hosenbund. Er hatte Herzklopfen und seine Knie schlotterten, als er die Treppe zur Kellertür hinunterging. Mit Zitterfingern drehte er den Schlüssel im Schloss. Knarrend schwang die Tür auf. Der Franz schaute in ein großes, rabenschwarzes Loch. Er zog die Taschenlampe aus dem Hosenbund und knipste sie an.

Tapfer stieg er eine Stufe – und noch eine Stufe – und noch eine Stufe in das rabenschwarze Loch hinein. Zwei Stufen schaffte er noch, dann hörte er ein Geräusch. Er dachte: Das muss eine Ratte sein. Vor Schreck ließ er die Taschenlampe fallen. Sie rollte die Treppe hinunter und erlosch. Der arme Franz stand nun im Stockdunkeln.

Nichts wie raus, dachte er. Er machte kehrt und stolperte die Stufen hoch. Er rutschte aus und fiel hin. Er rappelte sich wieder hoch, schlug einen Purzelbaum rückwärts und landete unten am Treppenende. Er wollte aufstehen, doch da spielte sein linker Knöchel nicht mit! Der tat bei der kleinsten Bewegung höllisch weh. Aber die Angst brachte den Franz trotzdem die Treppe hoch! Auf allen vieren! Dabei rief er um Hilfe. Doch weil er wieder die Piepsstimme hatte, hörte das niemand. Verdreckt und verheult war der Franz, als er endlich aus dem Keller draußen war. Erschöpft hockte er vor der Kellertür. Sein linkes Bein war seltsam weggestreckt. So fand ihn der Hausmeister. Der merkte gleich, dass mit dem linken Fuß etwas nicht stimmte. „Der Franz ist verunglückt!“, brüllte er zum ersten Stock hinauf.

Der Josef und die Leidenfrost kamen angesaust. „Die Mami soll kommen“, sagte der Franz. Die Leidenfrost lief in die Hausmeisterwohnung.

Der Franz hörte sie telefonieren. Er dachte: Sie ruft die Mama an! Dann kam die Leidenfrost aus der Hausmeisterwohnung und rief: „Die Rettung kommt gleich!“ Zehn Minuten später merkte der Franz, dass der Hausdrachen nicht die Mama gemeint hatte. Zwei Rettungsmänner kamen mit einer Trage, legten den Franz drauf und marschierten mit ihm aus dem Haus.

Der Franz schloss die Augen. Er wollte von der ganzen Welt nichts mehr wissen! Die Augen machte er erst wieder auf, als ihn jemand streichelte. Eine junge Frau Doktor war das. Sie sagte: „Jetzt machen wir ein Röntgenbild von deinem Knöchel.“ Der Franz piepste: „Die Mami soll kommen!“

„Weißt du, was ein Röntgenbild ist?“, fragte die junge Frau Doktor. Der Franz piepste: „Die Mami soll kommen!“ „Ein Röntgenbild ist ein Foto von deinem Knochen“, sagte die junge Frau Doktor. Der Franz piepste: „Die Mami soll kommen!“ „Und das tut nicht weh“, sagte die junge Frau Doktor. Blöde Kuh, dachte der Franz und piepste weiter nach der Mama.

Endlich erwischte der Franz einen vernünftigen Menschen. Einen, der sich die Mühe nahm, das Piepsen zu verstehen. Der sagte zu ihm: „Deine Mami ist längst da. Die wartet draußen.“ Da ging es dem Franz wieder gut und seine Stimme wurde wieder normal. „Kann ich mit dem Gips morgen auf den Wandertag gehen?“, fragte der Franz den vernünftigen Menschen. „Unmöglich“, antwortete der vernünftige Mensch. „Sei froh, dass du nicht hier bleiben musst, sondern mit der Mama heimfahren kannst!“ Der Franz nickte. Das sah er ein …

Christine Nöstlinger

Schnupfenzeit

Tinastrockenestaschentuchtrocknettinasnassenase.

1 Teile den Text in Wörter ein und schreibe ihn richtig auf.

2 Versuche, ihn schnell zu sprechen.

Schnupfenzeit

Wenn bei Kindern Nasen laufen, Eltern sich die Haare raufen, ist es wieder mal so weit: Ohren-, Halsweh-, Schnupfenzeit.
Kindernasen blinken rot, Ohrenschmerzen machen Not. „Mama, hilf, ich riech nichts mehr und das Schlucken fällt mir schwer!" „Hab Geduld, du wirst schon sehen, morgen wird's dir besser gehen!"
Und wenn das Kind – gesund – kann scherzen, beginnt's in Mamas Hals zu schmerzen …

3 Lies den Text.
Schreibe ihn als Gedicht.

4 Vergleicht eure Lösungen.
Sprecht über eure eigenen Erfahrungen.

5 Überlegt euch, wie ihr den Text vortragen könnt.
Übt den Lesevortrag.

Z 6 Schreibe über deine eigenen Erfahrungen.

Wir gliedern einen Text

1. Du hast einen Text,
der in einem Stück geschrieben ist,
ohne Absätze oder ohne Zeilenende.
Lies ihn.

2. Überlege, wo Wörter, Zeilen
oder Absätze beginnen.
Was gehört zusammen?
Wo fängt etwas neu an?

3. Was erfährst du aus dem Text?

4. Ihr könnt euch gegenseitig Fragen
zum Text stellen.

5. Wie habt ihr den Text eingeteilt?
Tauscht euch aus.
Begründet eure Meinungen.

Ein Bewegungsfest

Die Klasse 2 b möchte ein Bewegungsfest veranstalten.

1 Woran müsst ihr bei der Planung denken?

2 Überlegt, welche Stationen eine Erklärung brauchen. Schreibt sie auf ein Plakat.

Gemeinsam plant sie, die Turnhalle in ein Affenhaus zu verwandeln.

3 Sucht passende Namen für eure Stationen im „Affenhaus“.

Menschen in Bewegung

1 Welche sportlichen Tätigkeiten siehst du?
Schreibe die Verben in der Grundform auf: *rollen, …*

„Gestern habe ich mit meinem Vater Tischtennis gespielt. Das war vielleicht eine Rennerei!“ „Warum? Spielt er so gut?“ „Ach was, wir hatten nur einen Schläger!“

Zur Erinnerung: Diese Wörter sind Verben.
Sie verändern ihre Form.

Ich laufe.	Wir laufen.
Du läufst.	Ihr lauft.
Er läuft. Sie läuft. Es läuft.	Sie laufen.

2 Schreibe solche Sätze mit den Verben von Aufgabe 1.

3 Was macht ihr in eurer Freizeit?
Erzählt, was ihr nachmittags macht.

4 Schreibt es so in eine Tabelle:

Freizeit mit Bewegung	***Freizeit ohne Bewegung***
schwimmen	*lesen*

Menschen sitzen, sitzen, sitzen …

1 Viele Stunden verbringen wir sitzend.
Was können wir tun, um trotzdem gesund zu bleiben?

2 Vergleicht Text und Bild. Wie ist es richtig?

Wenn ich mich hinsetze,
halte ich den Rücken gerade.

Ich nutze die Rückenlehne
meines Stuhls.

Ich sitze mit geradem Rücken
auf dem Stuhl.

Wenn ich lese, stelle ich
das Buch schräg.

Ich stelle meine Füße flach
auf den Boden.

Ich lege meine Arme vor mich
auf die Beine oder den Tisch.

3 Führt abwechselnd aus, was in der
Regel beschrieben wird.
Kontrolliert euch gegenseitig.

4 Schreibe die Regeln ab.
Achte auf die richtige Haltung.

5 Wenn ihr nicht mehr sitzen könnt,
bewegt euch, z. B. zu einem Lied.

Schleichdiktat – ein Diktat mit Bewegung

Lege den Text an eine Stelle in der Klasse. (1)

Schleiche zu dem Text. **Lies** einen Satz **genau** und sprich deutlich mit. (2)

Merke dir **besondere Wörter.** (3)

Schleiche zurück zu deinem Platz. **Schreibe** und sprich die Wörter leise mit. (4)

Schreibe so den ganzen Text. (5)

Vergleiche deinen Text genau mit dem Abschreibtext. (6)

Ist ein Wort **nicht richtig** geschrieben, streiche es durch und schreibe es **neu**. (7)

S. 196

Weißt du,
wie die Affen
spielen?
Sie schwingen
und springen.
Sie rutschen
und klatschen.
Sie klettern fast immer.
Affen sitzen nicht
einmal,
wenn sie Bananen
fressen.

Rätsel

Kann nicht gehen,
kann nicht rennen,
kann nicht springen,
kann nur lauten.
Läuft sie,
musst du sie schnell
putzen.

1 Wähle einen Text aus.

2 Unterstreiche die Verben.

Lernwörter-Training

4 Ordne die Lernwörter nach dem Abc.

5 Schreibe die Wörter mit doppeltem Mitlaut auf: *rollen, …*
Suche weitere Wörter.

6 Schreibe Mini-Sätze mit den Verben:
Ich hüpfe gern. Ihr hüpft schnell.
Ich … *Ihr …*

7 Schreibe mit den Lernwörtern einen Fragesatz, einen Ausrufesatz und einen Aufforderungssatz.

S. 66/67

8 Bilde einen Satz, in dem mindestens drei Lernwörter vorkommen.

S. 210

9 Bilde Wörter.

10 Bilde Sätze mit diesen Wörtern.

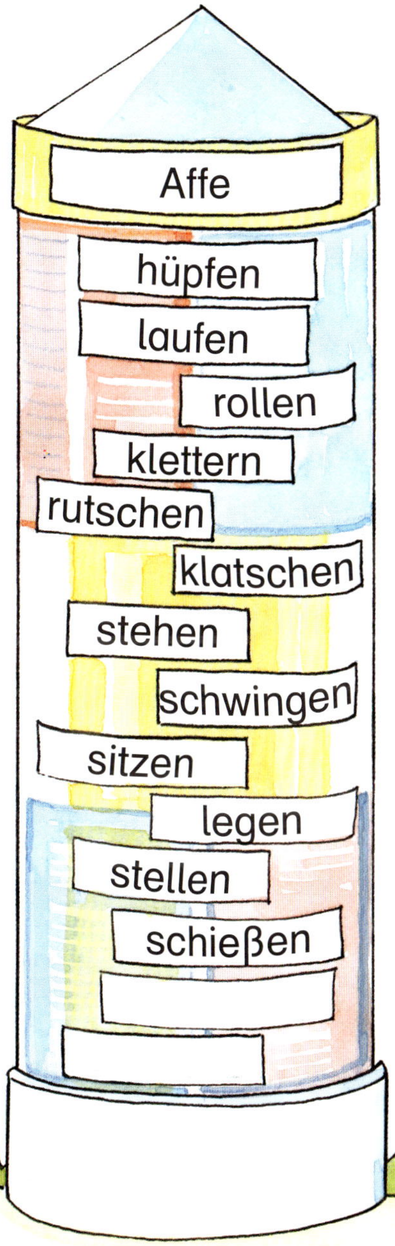

11 Wo ist ein Satz zu Ende?

Tina und Oma spielen im Hof Fußball Tina ist Torwart Oma nimmt Anlauf sie schießt so einen Ball kann kein Torwart halten der Ball fliegt in eine Fensterscheibe die Scheibe ist kaputt

Wem tut kein Zahn weh?

Heut hatte Arbeit, fast zu viel,
Tierzahnarzt Max Halifax.
Tiger, Zebra, Krokodil,
Bär, Hirsch, Frosch, Kalb, Fuchs und Dachs,
Nilpferd, Pony, Has' und Reh
kamen an: „Ein Zahn tut weh!"

So riefen sie und klagten sehr.
Einer hat geschwindelt.
Wer???

Josef Guggenmos

Heimatlose

Ich bin fast
Gestorben vor Schreck:
In dem Haus, wo ich zu Gast
War, im Versteck,
Bewegte sich,
Regte sich
Plötzlich hinter einem Brett
In einem Kasten neben dem Klosett,
Ohne Beinchen,
Stumm, fremd und nett
Ein Meerschweinchen.

Joachim Ringelnatz

Die Katze

Die Katze trippelt auf dem Dachfirst.
Stehen bleibt sie kurz
und schaut über die moosigen Dächer.
Ihre Gedanken zucken im Schwanz,
im gestreiften.

Erwin Moser

DIE GESCHICHTE MEINES OPAS

VON PHILIP WAECHTER

SAG MAL, WAS MACHST DU DENN HIER?
WUFF, GASSI GEHEN!
ETWAS SPÄTER
WAS SOLL DER QUATSCH, UM DIESE UHRZEIT?
TJA, DARAN WIRST DU DICH GEWÖHNEN MÜSSEN!
DAS HALTEN VON TIEREN ERFORDERT DISZIPLIN UND AUSDAUER!
BÄCKER
MEIN OPA GAB SICH ALLE MÜHE.
HOL'S STÖCKCHEN!
ES WURDE GEÜBT....
WUFF!
DEN HAST DU DIR JETZT ABER WIRKLICH VERDIENT.
JA, BRINGEN SIE UNS EIN KÄNNCHEN KAFFEE MIT SAHNE UND EINE SCHÜSSEL WASSER!
BELOHNT UND VERSORGT.....

1 Warum spielt das Enkelkind den Hund?

2 „Die Geschichte meines Opas“ geht noch weiter. Gestalte den Comic zu Ende.

King Kong, das Geheimschwein

Hinter den Sträuchern ist ein kleiner Rasen.
Darauf hat Frieder aus Kaninchendraht
ein Viereck abgesteckt.
Und darin krabbeln sie. Sechs Stück.
Sechs wunderbare
schwarze und weiße Meerschweinchen.
„Mann!“, sagt Jan-Arne
und hockt sich neben Frieder.

„Meine Güte, du!“ Frieder nickt zufrieden.
„Alles ganz locker“, sagt er.
„In null Komma nix hat sie die gekriegt.
Und gleich mit Fell und ganz fertig und alles.
Nicht so hässlich nackt wie Babymäuse.
Mäuse hab ich auch.“
Jan-Arne schluckt.
Es geht ungerecht zu in der Welt.
Frieder hat Mäuse und Meerschweinchen
und er hat gar nichts.

Und jetzt hat Frieder sogar
sechs Meerschweinchen!
Von den beiden Weibchen,
die er zum Geburtstag gekriegt hat,
war eins nämlich dann doch ein Männchen: Anna.
Aber Susanna war wirklich ein Weibchen
und darum hat sie jetzt Junge gekriegt,
vier Stück. Und in neun Wochen
kriegt sie das nächste Mal Junge.
Bei Meerschweinchen geht das ganz fix,
hat Frieder gesagt.
Und die gehören dann wieder alle Frieder!
„Du hast es gut!“, sagt Jan-Arne.
„Ja, nicht?“, ruft Frieder
und greift ein kleines schwarzes Schwein
mit weißem Po. „Willst du mal halten?“

Jan-Arne nickt. Er langt ganz vorsichtig hin. Das Meerschweinchen ist warm und weich und gerade richtig groß für seine Hände. Es fiept leise, als ob es Angst hat. „Psst, psst, psst, du“, sagt Jan-Arne und hält das Schwein ganz dicht an sein Gesicht. „Ich bin doch nur Jan-Arne. Ich tu dir doch nichts.“ Das Schwein schnuppert an seiner Nase. Es hat winzige Barthaare, darum kitzelt es wunderschön.

„Jetzt mag es mich“, sagt Jan-Arne. „Es fiept nicht mehr.“ „Tu es zurück“, sagt Frieder. „Das muss wieder zu seiner Mutter. Das darf sich nicht aufregen. Dafür ist es noch zu klein.“ Jan-Arne setzt das Schwein vorsichtig zurück in die Absperrung. „Wie heißt es?“, fragt er. Frieder zuckt die Achseln. „Keine Ahnung“, sagt er. „Du kannst ihm ja einen Namen geben.“ „Ehrlich?“, fragt Jan-Arne. Das ist doch nett von Frieder. Da ist es ja beinah so, als ob es sein Schwein wäre! „Logisch“, sagt Frieder.

Und dann sagt er etwas ganz Ungeheuerliches. „Du kannst ihn kriegen“, sagt er. Einfach so. Als wenn das gar nichts wäre.

Kirsten Boie

Hier kannst du lesen, wie es weitergeht.

1 Was erfährst du im Text über Meerschweinchen?

2 Stell dir vor, du bekommst plötzlich ein Meerschweinchen geschenkt und möchtest es behalten. Wie könnte das Gespräch mit deinen Eltern verlaufen?

3 Probiert das Gespräch im Rollenspiel aus.

S. 131

Die Sprache der Meerschweinchen

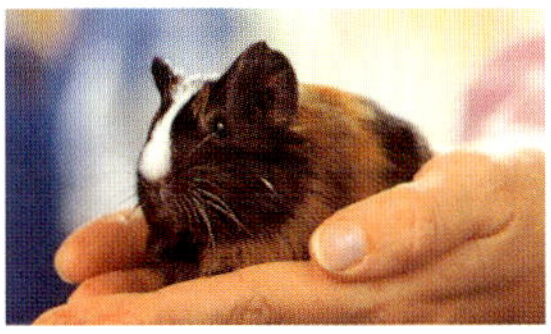

Meerschweinchen fiepen zuerst,
wenn man sie in die Hand nimmt.
Das heißt:
„Ich habe Angst."

Meerschweinchen beschnuppern sich gegenseitig,
um herauszufinden:
„Gehörst du überhaupt zu meiner Familie?"

Die kleinen Meerschweinchen bekommen zwar drei Wochen lang Muttermilch, sie können aber auch schon gleich nach der Geburt feste Nahrung aufnehmen.
Wenn sie Hunger haben, quieken sie ganz laut.
„He, gib uns jetzt sofort was zu fressen!"

Wenn dein Meerschweinchen sich ganz ausgiebig auf deinem Schoß putzt, heißt das:
„Hier fühle ich mich ganz sicher!"

1 Weißt du noch mehr von der Meerschweinchen-Sprache?

2 Kennst du andere Tiersprachen?

3 Meerschweinchen gibt es auch in anderen Ländern. Wie heißen sie dort?

Internet-Tipp:

Gib in einer Suchmaschine das Wort „Meerschweinchen" ein. Du wirst staunen, wie viel du über Meerschweinchen findest.

Die Maus

1 Denkt gemeinsam nach, was das Wort „putzen“ bedeutet.
Schreibt eure Ideen auf.

2 Lies den folgenden Text und überlege,
was mit dem Wort „putzen“ hier gemeint ist.

3 Sprecht über eure Ergebnisse.
Begründet eure Meinung.

Wir finden heraus, was Wörter bedeuten können

Unser Partner-Lesespiel geht so:

1. Jedes Kind liest einen anderen Text
und wählt ein „Schlüsselwort“ aus.

2. Fragt die Partnerin oder den Partner,
was das ausgewählte Wort bedeutet.

3. Was fällt euch zu dem Schlüsselwort ein?
Schreibt alles auf.

4. Jedes Kind bekommt jetzt vom anderen den Text.
Es soll herausfinden,
was das Schlüsselwort in diesem Text bedeutet.

5. Sprecht über eure Ergebnisse.
Begründet eure Meinung.

Ihr könnt auch in einem
Wörterbuch nachsehen.
Es ist spannend,
wie viele Bedeutungen
oft ein einziges Wort
haben kann.

Regenwürmer

Lothar Länglich ist ein Regenwurm

Oscar, der Ballonfahrer,
macht sich auf die Suche
nach einem echten, frei lebenden Regenwurm
und trifft auf Lothar Länglich.

Er erfährt zum Beispiel,
wo Lothar sich am liebsten aufhält.
Das schreibt Oscar in sein Beobachtungs-Tagebuch.

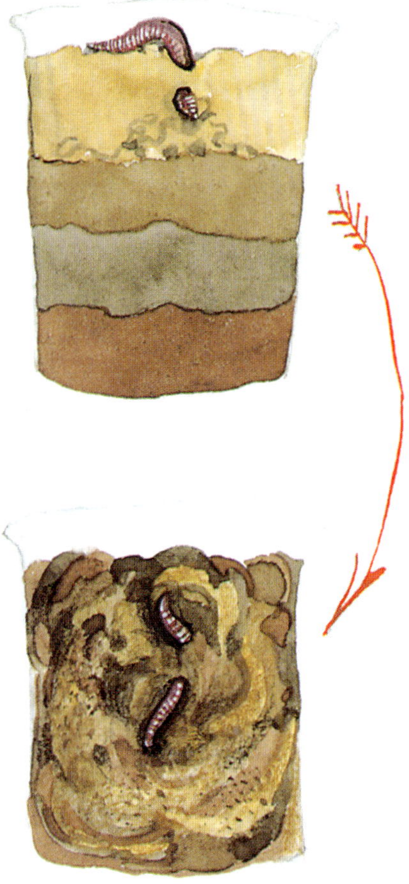

In der Erde fühlt sich Lothar sicher und
die Dunkelheit macht ihm nichts aus.
Immerzu kriecht er herum und sucht
Futter. Dabei bohrt er viele
Röhren in den Boden. Durch die
Röhren gelangen frische Luft
und Wasser in den Boden
und wichtige Nährstoffe
werden verschoben. So haben die
Pflanzen mehr Platz für
ihre Wurzeln, ausreichend
Nährstoffe und Wasser.

Bis bald – dein Oscar!

Heike Burghardt/Rotraud Greune

Lothar Länglich beantwortet alle Fragen zu Lebensgewohnheiten der sandigen Würmer. In Oscars Tagebuch kannst du es nachlesen.

Regenwurm-Beobachtungsstationen

Wenn ihr Regenwürmer genauer erforschen wollt, könnt ihr Regenwurm-Beobachtungsstationen einrichten.

Zuerst müsst ihr einige wichtige Überlegungen anstellen:

1. Was wollt ihr über den Regenwurm wissen?
   Schreibt eure Fragen auf.
   Manches muss man nachschlagen, aber vieles kann man auch an lebenden Regenwürmern beobachten.
2. Welche Stationen wollt ihr einrichten?
3. Was braucht ihr für die Stationen?
   Lupen, Gläser, Zentimetermaß, …
4. Wo könnt ihr eure Beobachtungsstationen aufbauen?
5. Wie könnt ihr eure Beobachtungsergebnisse aufschreiben?

Ganz wichtig:
Wenn ihr Regenwürmer im Klassenzimmer beobachten wollt, müsst ihr in der Natur welche sammeln.

Aber:
Wie muss man die Regenwürmer behandeln, damit sie keinen Schaden nehmen?
Erstellt dazu ein Merkblatt.

Ich möchte wissen, ob er Füße hat.

Wie fressen denn Regenwürmer eigentlich?

Wie lang ist so ein Regenwurm?

Tiergeräusche

Manchmal

An manchen Tagen
geht nichts zusammen:
Da bellt die Maus.
Da kräht der Frosch.
Da muht das Schwein.
Da fiept der Hund.
Da quakt der Hahn.
Da quiekt das Huhn.
Da zirpt die Ziege.
Da meckert die Meise.
Da gackert die Katze.
Da zwitschert die Kuh.

Jürgen Spohn

1 Schreibe ein Spaßgedicht mit diesen Wörtern:

trompeten | schreien | brüllen | summen | grunzen | fauchen | singen

Da trompetet der Floh.
Da …

„Menschliche“ Tiergeräusche

2 Nicht nur die Ziege meckert. Meckerst du nicht auch schon einmal? Erzähle.

3 Wie ist es mit diesen Tiergeräuschen?

knurren | brüllen | fauchen | schnüffeln

Machen auch Menschen solche Geräusche? Schreibe Sätze dazu.

4 Findest du noch andere „menschliche“ Tiergeräusche?

Die internationale Hundesprache

So bellt der Hund in

Deutschland

England

der Türkei

Spanien

Frankreich

und in China?

Ein Text zum Foto

1 Suche dir ein Bild aus.
Schreibe eine Geschichte oder einen anderen Text dazu.

2 Lest euch die Texte vor.
Findet heraus, ob ihr euch verständlich ausgedrückt habt.
Überarbeitet sonst den Text.

3 Überprüfe, ob du alle Nomen und Satzanfänge großgeschrieben hast.

4 Vergleicht eure Tiertexte in der Klasse.
Gibt es welche, die zusammenpassen,
z. B. Geschichten über Tiere
Informationen über Tiere ?

Begründet eure Meinung.

Lange und kurze Selbstlaute

Tierische Morgengymnastik

lang	kurz
aaaaaa	a
eeeeee	e
iiiiiiiiiiiii	i
oooooo	o
uuuuuu	u

1 Jetzt bist du an der Reihe! Turne zu langen und kurzen Selbstlauten.

Und so geht es mit Wörtern weiter …

2 Entscheide: langer oder kurzer Selbstlaut?
Probiere es mit den Kniebeugen aus.

Schaf	Lamm
Katze	Kater
Zecke	Reh
Specht	Esel
Fisch	Biber
Ziege	Rind
Vogel	Otter
Wolf	Floh
Kuh	Kuckuck
Huhn	Fuchs

3 Lege eine Tabelle an.

lang	*kurz*
Schaf	*Lamm*

Lauter tierische Geräusche

4 Schreibe diese Wörter in die Tabelle:

krähen, meckern, trillern, muhen, singen, quaken, rufen, bellen

Lernwörter-Training

1 **2** **3**

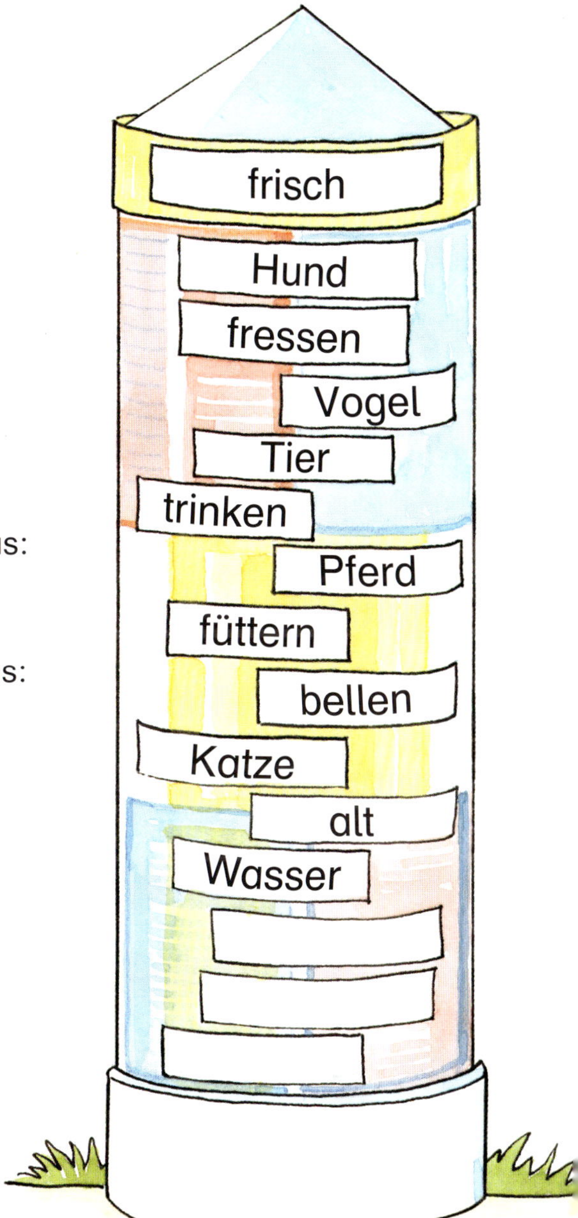

4 Ordne die Lernwörter nach dem Abc.

5 Suche alle Nomen heraus und schreibe sie mit Artikel auf.

6 Bilde die Mehrzahl der Nomen.
Schreibe so:
das Tier – die Tiere

7 Suche alle Wörter mit langem Selbstlaut heraus:
Pferd, …

8 Suche alle Wörter mit kurzem Selbstlaut heraus:
frisch, …

Wortfamilie **Tier**

tierisch
Fabel**tier**
Tierbuch
Tiergeschichten
…

9 Zu welchen Lernwörtern findest du eine Wortfamilie? Schreibe sie auf.

S. 206

10

Was sind das für Tiere?

Hunde, die nicht bellen,
Pferde, die nicht wiehern,
Katzen, die nicht kratzen,
und Vögel, die nicht fliegen.

Stofftiere

Zeit vergeht: Tageszeiten –

Die Zeit

Man kann sie nicht riechen,
man kann sie nicht schmecken,
man kann sie einfach
nirgends entdecken.

Man kann sie vergeuden,
man kann sie vergessen.
Doch was man versäumt hat,
kann man nicht messen.

Jahreszeiten

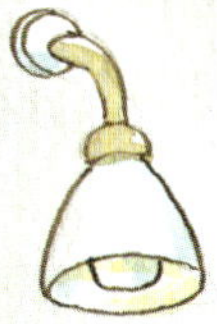

Man kann sie nicht kaufen,
man kann sie nicht borgen.
Man sucht das Gestern,
schon ist es morgen.

Man kann sie gut nutzen
und jemandem schenken
und wenn man Zeit hat,
an sie denken.

Gerald Jatzek

Peter sammelt die Zeit

„Vati, gehst du mit mir angeln?“ „Keine Zeit, Peter.“ „Mutti, spielst du mit mir?“ „Keine Zeit, Peter.“ „Oma, erzählst du mir eine Geschichte?“ „Keine Zeit, Peter, später.“ „Kein Mensch hat Zeit“, sagt Peter, „und dabei ist doch so viel Zeit da.“ Er möchte gerne immer Zeit haben. „Ich werde mir Zeit sammeln und sie aufheben, bis ich groß bin. Ich werde überall in den Zeitungen und Büchern die Zeit ausschneiden und sie in diesen Schuhkarton legen. Wenn ich keine Zeit habe, hole ich mir Zeit aus meinem Schuhkarton. Ich möchte immer Zeit haben.“ Seine Schachtel wurde voll von Stunden und Minuten. Er überlegte sogar, ob er nicht Zeit verleihen oder gar verkaufen könnte an Leute, die keine Zeit hatten. Er fand, das sei eine gute Idee.

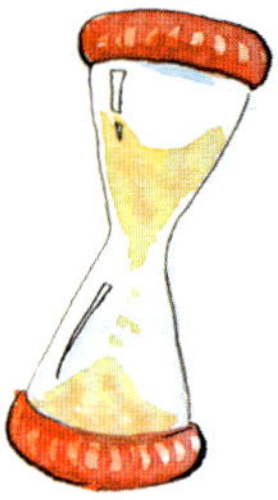

Er packte seine Schachtel unter den Arm und ging. Er sah eine Frau mit zwei Kindern. Sie zerrte ihre Kinder gerade von einem Spielzeugschaufenster weg. „Kommt doch, ich habe keine Zeit!“, rief sie. „Hallo, ich habe Zeit für Sie“, sprach Peter die Frau an. „Hier in meiner Schachtel ist viel Zeit. Wie viel brauchen Sie?“ „Quatsch“, sagte die Frau, „Zeit in einer Schachtel. Du glaubst wohl noch an Märchen?“ Sie zog ihre Kinder mit sich fort. Peter ging weiter und dachte: „Erwachsene sind merkwürdig. Das, was sie am nötigsten brauchen, wollen sie nicht.“

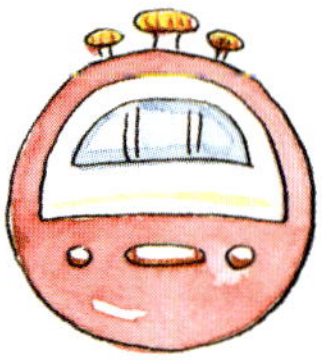

Er ging nach Hause. Sein Vater arbeitete noch in seinem Büro. Er ging zu ihm. „Peter, was ist denn? Ich habe keine Zeit. Das siehst du doch. Hier ist ein Euro! Kauf dir was dafür.“ „Ich will dir Zeit verkaufen oder auch schenken.“ „Was willst du?“ „Ja, schau, hier habe ich mir 240 Stunden und acht Minuten gesammelt. Ich könnte dir ein wenig Zeit verkaufen. Für den Euro bekommst du zwei Stunden. Damit könnten wir doch angeln gehen.“ Peters Vater schaute lange in die Schuhschachtel. Dann nahm er zwei Stunden heraus, legte sie in seine Brieftasche und sagte: „Komm, Peter, wir gehen angeln. Hebe dir deine gesammelte Zeit gut auf. Vielleicht sammle ich mir auch welche.“

Helga Höfle

Die Zeit vergeht

Dein Schneemann aus dem Januar
lebt sicher nicht das ganze Jahr.
Die Zeit vergeht.

Die Fastnacht bringt der Februar,
gesell dich zu der Narrenschar.
Die Zeit vergeht.

Und kommt die Märzensonn' heraus,
pack deine Rollschuh' wieder aus.
Die Zeit vergeht.

Bau im April ein weiches Nest,
denn er bringt uns das Osterfest.
Die Zeit vergeht.

Sag deinem Lehrer doch im Mai,
die Ausflugszeit käm nun herbei.
Die Zeit vergeht.

Was soll dir denn der Juni bringen?
Im Freibad schwimmen, planschen, springen.
Die Zeit vergeht.

Der Juli ruft: Kommt all herbei,
denn jeder Kirschbaum hält euch frei!
Die Zeit vergeht.

Lass im August die Schule leer
und fahr weg, vielleicht ans Meer.
Die Zeit vergeht.

Nutz die Septemberwinde aus,
hol deinen Drachen aus dem Haus.
Die Zeit vergeht.

Oktober schüttelt kostenlos
Kastanien dir in deinen Schoß.
Die Zeit vergeht.

Zünd an in der Novembernacht
Laternen, die du selbst gemacht.
Die Zeit vergeht.

Sei auch für andre stets bereit,
besonders in der Weihnachtszeit.
Die Zeit vergeht.

Sonne, Mond und Sterne

Ein neuer Tag

Ein neuer Tag ist mir geschenkt.
Ich will meine Augen öffnen, um seine Schönheiten zu sehen.
Ich will meine Ohren öffnen, um seine Klänge zu hören.
Ich will meine Hände öffnen, um die Nähe der anderen zu spüren.

Ein neuer Tag ist mir geschenkt.
Ich möchte Augen haben für Freude und Leid der Menschen.
Ich möchte Ohren haben für Leises und Lautes um mich herum.
Ich möchte Hände haben für zarte Berührungen und kräftiges Zupacken.
Ein neuer Tag ist mir geschenkt – Zeit, um zu leben.

Wenn die Sonne ihre Strahlen

Eva Rechlin

Kleine Erde

Die Welt ist groß.
Die Erde ist bloß
ganz klein.
Sieh in den Himmel hinein,
wenn es klar ist und dunkel:
Das Sterngefunkel
erzählt dir von Weiten
und Ewigkeiten.

Michael Kumpe

Lustiger Mond

Gestern Abend um halb achte
Fiel der Mond in unsern Teich.
Doch was meint ihr, was er machte?
Er stand einfach auf und lachte,
So als wär's ihm schrecklich gleich.
Zwar er war ein wenig blasser,
Aber das war nicht so wild,
Denn da unten das im Wasser
War ja nur sein Spiegelbild.

Gustav Sichelschmidt

Sterne

Wie unsere Sonne
sind die Sterne
Himmelskörper, die
aus leuchtendem
Gas bestehen.
Wir sehen ihr Licht.

Zum nächstgelegenen Stern
wären wir
in einem heutigen Raumschiff
100 000 Jahre unterwegs.
Umgekehrt benötigt
das Licht dieses Sterns
vier Jahre
und vier Monate,
um auf die
Erde zu gelangen.

Was macht der Mond in der Nacht?

Am Tag schläft der Mond,
aber was macht der Mond in der Nacht?
Kaum wird er wach,
malt er Tausende von Sternen an den Himmel.
Er läuft über Wiesen und Wälder
und vertreibt den Nebel.
Er jagt den Lärm
aus Städten und Dörfern.
Er schließt die Fensterläden
und zieht die Vorhänge zu.
Es ist Zeit, schlafen zu gehen.

Er bringt die Träume
und die Albträume sperrt er einfach ein.
Er gibt der Nacht etwas Geheimisvolles.
Er macht den Tau,
damit es ein schöner Morgen wird …
Jetzt kann der Mond schlafen gehen.

Anne Herbauts

1 Was ist für dich geheimnisvoll an der Nacht?

2 Wie macht der Mond die Nacht geheimnisvoll?
Welche Träume bringt er noch? Schreibe oder male.

Jahreszeiten: Frühling

Der Frühling

Mit duftenden Veilchen
komm ich gezogen,
auf holzbraunen Käfern
komm ich gebrummt,
mit singenden Schwalben
komm ich geflogen,
auf goldenen Bienen
komm ich gesummt.

Jedermann fragt sich,
wie das geschah:
Auf einmal
bin ich
da!

Mascha Kaléko

Die Tulpe

Dunkel
war alles und Nacht.
In der Erde tief
die Zwiebel schlief,
die braune.

Was ist das für ein Gemunkel,
was ist das für ein Geraune,
dachte die Zwiebel,
plötzlich erwacht.
Was singen die Vögel da droben
und jauchzen und toben?
Von Neugier gepackt,
hat die Zwiebel einen langen Hals gemacht
und um sich geblickt
mit einem hübschen Tulpengesicht.

Da hat ihr der Frühling entgegengelacht.

Josef Guggenmos

1 Überlege, wo du beim Lesen eine Pause machst.

2 Trage ein Gedicht vor.
Kannst du es auswendig?

Pick, pick

Ohne Tür, ohne Fenster,
kugelrund ist das Haus.
Kann keiner hinein,
doch es will wer heraus.

Wer klopft da von innen,
wer kann das nur sein?
Denn steckt wer da drinnen:
Wie kam der hinein?

Von innen, pick, pick,
ja freilich, gewiss,
da klopft wer, pick, pick ...
Schon gibt's einen Riss!

Wer steigt aus den Scherben?
Ein Hausherr, ein gelber,
ein piepsender, lieber.
Wer ist's? Das sag selber!

Josef Guggenmos

Osterbastelei

1. Auf die feste Pappe legen wir
eine umgekehrte Tasse
und zeichnen den Umriss
mit einem Bleistift nach.
Diesen Kreis schneiden wir aus.

2. Dann bekleben wir den Kreis mit Moos.
Darauf kleben wir nebeneinander
zwei aufgeschlagene Eierschalenhälften
mit der Öffnung nach oben.

3. Die größere Hälfte
wird so mit gelber Watte gefüllt,
dass oben ein Watteböllchen übersteht.

4. Aus Buntpapier schneiden wir die Augen
und ein Schnäbelchen und kleben sie auf.

Ein Samenkorn

Jörg kommt nach Hause. Er sagt: „Ratet mal,
was ich in meiner Hand halte! Ich will es euch erzählen.
Ich hab einen Baum in meiner Hand!
In seiner Krone können viele Vögel wohnen.
Oder glaubt ihr mir etwa nicht?“

Karel Eykman

Nur ein kleines Samenkorn

Ein stürmischer Wind
fegt die Samenkörner
durch die Luft.
Wohin fliegen sie alle?

Sie wirbeln über hohe Berge.
Da fällt eins
auf einen eiskalten,
schneebedeckten Gipfel.
Hier kann es nicht wachsen
und keine Wurzeln schlagen. Es bleibt liegen und erfriert.
Die Übrigen trägt der Wind mit sich fort.
Als sie über das große Meer fliegen,
fällt eins ins Wasser und geht unter.
Weiter und weiter fliegen die Samenkörner.
Unter ihnen liegt die Wüste in der Sonnenglut.
Eins fällt auf den heißen, trockenen Sand und verdorrt.
Endlich hört der Wind zu blasen auf.
Die Samenkörner fallen sacht zur Erde.

Viele Monate liegen die Samenkörner in der Erde.
Bis der Frühling kommt.
Die Sonne scheint warm, Regen fällt
und in den Samenkörnern wird es lebendig.
Sie werden rund und dick und eines Tages platzen sie auf.
Kleine Keime wachsen aus ihnen heraus.
Sie breiten feine Wurzeln in der Erde aus
und schieben Stängel und Blätter ans Licht.

Das Pflänzchen, das aus dem kleinen
Samenkorn gewachsen ist,
wird langsam größer.
Die Pflanze wächst und wächst.
Die Sonne gibt ihr Licht,
der Regen gibt ihr Wasser.

Eric Carle

Garten

Ich sitze im Gras und schweige.
Der Himmel ist blau wie das Meer.
Der Wind bewegt die Zweige,
sie schwingen leicht hin und her.

Ich bin nicht allein, denn ich sehe
den Wind, der im Kirschgeäst schaukelt,
den Schmetterling, der in der Nähe
ganz langsam vorübergaukelt.

Ich höre die Amseln und Stare.
Ich sehe die Käfer im Kraut.
Der Wind bewegt meine Haare,
die Sonne berührt meine Haut.

Georg Bydlinski

Wolkengucken

Hast du schon einmal auf einer Wiese gelegen
und dabei in die Wolken geschaut?
Manchmal sind es viele kleine Wolkenschäfchen.
Dann wieder sehen sie aus wie dicke, weiche Federbetten,
in die man sich hineinkuscheln möchte.
Plötzlich sieht man einen riesigen Kopf mit langem Bart,
einer dicken Knollennase und sogar einem Mund.
Ein kleines Wolkenloch ist das Auge.
Es verschiebt sich und wird zu einem riesigen Hund.
Jetzt ist es ein Löwe mit großer Mähne.
Der Wind treibt die Wolke auseinander,
die Sonne brennt die Wolke fort – sie ist nicht mehr da.
Aber schon kommt eine neue Wolke angesegelt.
Sie sieht aus wie ein springendes Pferd und jetzt
wie ein Kamel mit Höckern. Bis auch diese Wolke fort ist.
Es kommen aber immer neue.
Manchmal sind sie so dick, dass sie die Sonne nicht hindurchlassen.

Ursula Fack

1 Von welchen Tieren in den Wolken erzählt die Autorin?

2 Probiere das Wolkengucken selbst aus. Was siehst du?

Nisse am Strand

Nisse und Mama wollen mit dem Rad zum Baden fahren ... „Hoffentlich haben wir nichts vergessen“, sagt Mama. Ich hab meinen Schwimmring jedenfalls nicht vergessen, denkt Nisse. „Ich kann das Meer schon riechen!“, ruft Mama.

Jetzt sind Nisse und Mama da. „Gerade richtig, diese Wellen“, sagt Nisse. „Ich finde, heute sollten wir ein bisschen schwimmen üben“, sagt Mama. Am Strand sind furchtbar viele Menschen, findet Nisse.

Plötzlich kommen große Regentropfen!
So ein Pech!
„Ich gehe jedenfalls baden“,
sagt Mama.

Nisse friert, aber er will
trotzdem wissen,
wie sich das Wasser anfühlt.

Das ist ja warm! Im Wasser
ist es tatsächlich schöner.
Plötzlich merkt Nisse,
dass er fast oben bleibt.

Nisse macht einen Schwimmzug.
Dann noch ein paar. „Aber Nisse,
du kannst ja schwimmen!“, ruft Mama.
Da muss Nisse Wasser schlucken.

„Das war aber toll“, sagt Mama.
Der Picknickkorb ist nicht nass
geworden. Nisse hat Hunger.

„Stell dir vor, du bist geschwommen!“,
sagt Mama. Trotzdem komisch,
dass ich nicht untergegangen bin,
denkt Nisse …

Olof und Lena Landström

Jahreszeiten: Herbst

Der Drachen

Der Drachen ist ein komisches Geflügel.
Er schaukelt überm Feld und überm Hügel.
Das Kind macht ihn aus Florpapier und Stäben.
Im Pustewind kann er sich hoch erheben.

Ein luftiger Schlawiner,
fliegt er durch die Natur.
Er flöge gern nach China,
doch hängt er an der Schnur.

Er dreht sich mit den anderen im Tanze.
Sie wedeln ungeheuer mit dem Schwanze.
Sie sind des Herbstes hochwillkommne Boten.
Am allerliebsten mag das Kind die roten.

Der Himmel ist voll Tupfen,
die du oft kaum noch siehst.
Das Kind bekommt den Schnupfen
und geht nach Haus und niest.

Peter Hacks

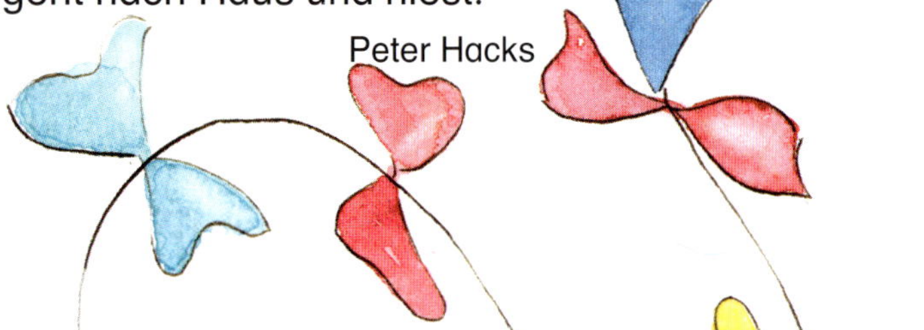

Woher hat der Drachen seinen Namen?

In China wollten die Menschen im 5. Jahrhundert v. Chr., also vor 2500 Jahren, sich bei den Vögeln das Fliegen abgucken. Sie bastelten Vögel aus Papier und ließen sie fliegen. Vorher bemalten sie das Papier mit schrecklichen Drachengesichtern. Damit wollten sie böse Luftgeister vertreiben. Seitdem hat der Papierdrachen seinen Namen, auch wenn er heute ein fröhliches Gesicht trägt.

Achtung!

Beim Drachensteigen solltet ihr die Drachenschnur nie um die Hand wickeln, damit ihr sie im Notfall schnell loslassen könnt.
Lasst Drachen niemals in der Nähe von Stromleitungen steigen.

Sigrid Bairlein, Christel Junker, Manfred Reichgeld

Der Wind geht ums Haus

Der Wind sucht da und dort herum.
Er dreht einen leeren Zementsack um.

Er zaust die Amsel auf der Hecke.
Er jagt ein paar Blätter um die Ecke.

Aber jetzt hat er was Bessres entdeckt:
ein Windrad, vorm Haus in den Rasen gesteckt.

Josef Guggenmos

Wir basteln ein Windrad

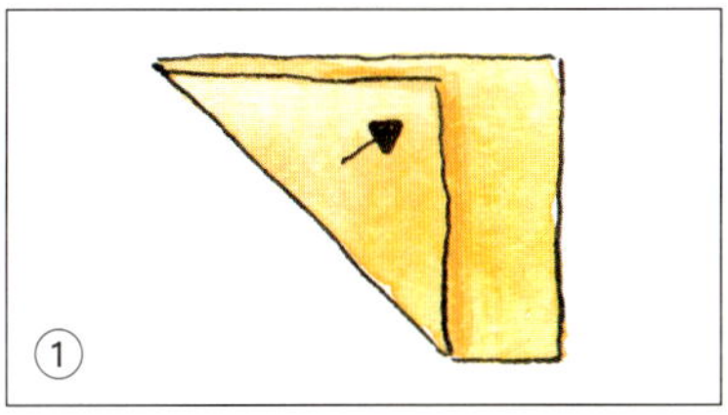

die untere linke Ecke zum oberen Rand falten (Papier in DIN A4)

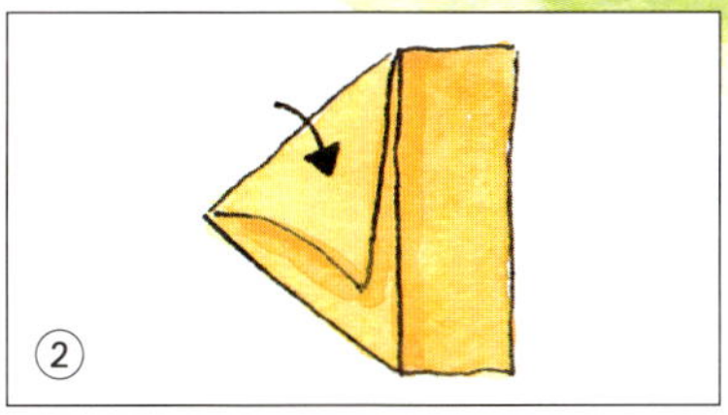

die obere linke Ecke darüber nach unten falten

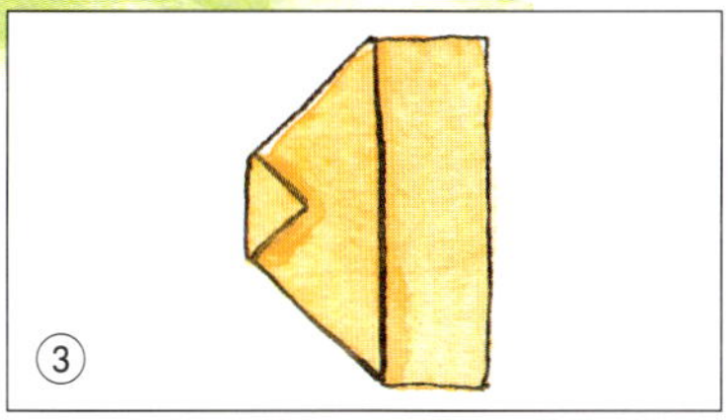

die Dreiecksspitze nach rechts falten

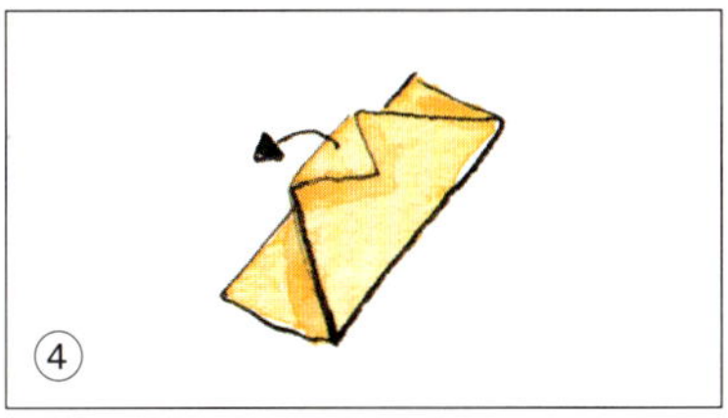

den Randstreifen bis zum Dreieck abknicken

auffalten und Randstreifen abtrennen

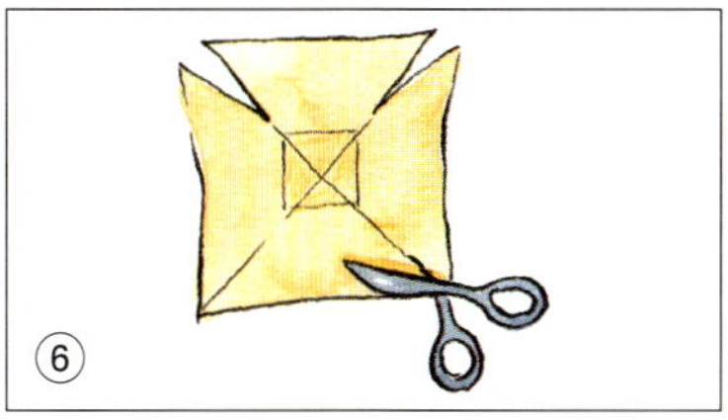

von jeder Ecke bis zum Knick einschneiden

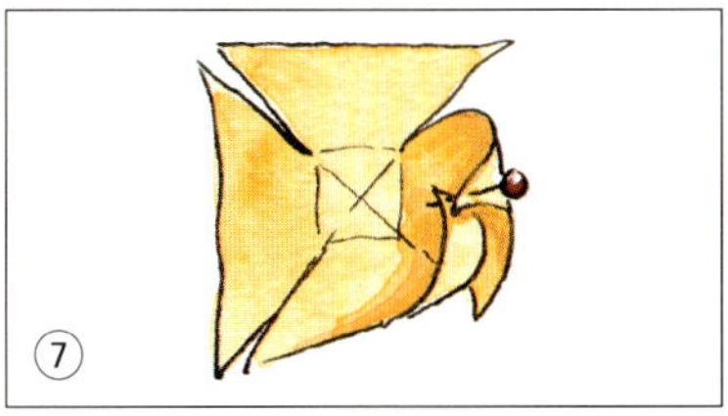

jede zweite Ecke zur Mitte biegen

eine Nadel durch den Mittelpunkt stechen

die Nadel fest in den Holzstab stecken

Erntedank

Vincent van Gogh: Weizenfeld mit Blick auf Arles

Wir ehren das Brot,
weil es köstlich ist.
Wir ehren das Brot,
weil es unser Leben stärkt.
Wir ehren das Brot,
weil es Leben erhält.

Wir ehren das Brot
wegen des Hungers der
Hungernden.
Wir ehren das Brot,
weil der Hunger von Millionen
das Brot heilig macht.

Wilhelm Willms

Wir haben ein Dach
und Brot im Fach
und Wasser im Haus,
da hält man's aus.

Und wir haben es warm
und haben ein Bett.
O Gott, dass doch jeder
das alles hätt'!

Reiner Kunze

Sankt Martin

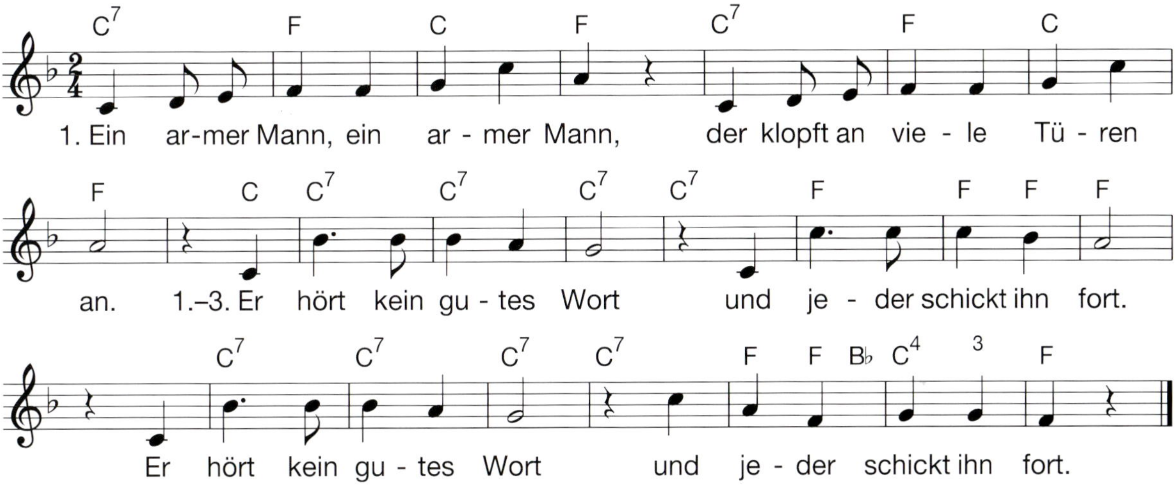

2. Ihm ist so kalt. Er friert so sehr. Wo kriegt er etwas Warmes her?
   Er hört kein gutes Wort und jeder schickt ihn fort.

3. Der Hunger tut dem Mann so weh und müde stapft er durch den Schnee.
   Er hört kein gutes Wort und jeder schickt ihn fort.

4. Da kommt daher ein Reitersmann, der hält sogleich sein Pferd hier an.
   Er sieht den Mann im Schnee und fragt: „Was tut dir weh?"
   Er sieht den Mann im Schnee und fragt: „Was tut dir weh?"

5. Er teilt den Mantel und das Brot und hilft dem Mann in seiner Not,
   so gut er helfen kann. Sankt Martin heißt der Mann.
   Er hilft, so gut er kann. Sankt Martin heißt der Mann.

6. Zum Martinstag steckt jedermann
   leuchtende Laternen an.
   Vergiss den andern nicht.
   Drum brennt das kleine Licht.
   Vergiss den andern nicht,
   drum brennt das kleine Licht.

Hubertus Halbfas

Advent

Wart nur!

Da hat doch Knabberle,
die freche Maus,
heimlich dem Nikolaus
in seinen Sack
aus Schabernack
ein Loch geknabbert.

Stapft heut der Alte
von Haus zu Haus,
falln ihm die schönsten Sachen raus.
Hört nur, wie es klappert!

Du willst wohl auf die Straße gehn,
um draußen richtig nachzusehn,
ob da was liegt? – Na bitte!

Und liegt da nichts,
ist's auch nicht schlimm;
dann bin ich grad vorbeigekommen
und habe alles mitgenommen.

Ortfried Pörsel

Knuspernüsse

Du brauchst:
10 Walnüsse
200 Gramm Kuvertüre
oder Schokolade
2 Esslöffel Rosinen
10 Pralinen-Förmchen
aus Papier

Schneide die Walnuss-kerne in kleine Stücke.

Stelle zwei Töpfe ineinander. Fülle Wasser in den größeren Topf, bis er halb voll ist.

Stelle den Herd auf kleine Hitze.

Brich die Schokolade in Stücke. Gib die Stücke in den kleinen Topf und warte, bis sie schmelzen.

Rühre Walnüsse und Rosinen unter die geschmolzene Schokolade.

Nimm für jede Knuspernuss einen Teelöffel voll. Fülle die Masse in ein Förmchen.

Stelle die Knuspernüsse 2 Stunden in den Kühlschrank.

Petra Vogt

Weihnachten

Verkündigung

Die Schafe
hatten sich aneinander gerückt,
ganz dicht.
Es war Winter, weißt du,
Nacht war's und kalt.
Die Hirten saßen ums Feuer,
steif und gebückt.

Da kam ein Engel,
in der schwarzen Nacht stand er hell,
groß war er, schön.
Der hob den Arm: „Fasset Mut!
Seht ihr den Stern
und darunter den Stall?
Dorthin müsst ihr gehen!
Von nun an ist alles gut!"

Josef Guggenmos

Weihnacht

Christkind ist da,
sangen die Engel im Kreise
über der Krippe
immerzu.

Der Esel sagte leise:
I-a,
und der Ochs sein Muh.

Der Herr der Welten
ließ alles gelten.
Es dürfen auch nahen
ich und du.

Josef Guggenmos

Rita Frind: Geburt Jesu

In Bethlehem in jener Nacht

Ein Hirtenspiel

Mitspieler:
Kindergruppe (wenigstens 8 Kinder)
5 Hirten

Hirten *Drei der fünf Hirten wachen auf.*

1. Hirt Warum bist du aufgewacht?
Es ist doch allertiefste Nacht.

2. Hirt Es ist noch Nacht, ja, das ist wahr,
es leuchten Mond und Sterne klar.

3. Hirt Es ist noch Nacht und doch so licht.
Der Stern dort scheint uns ins Gesicht.

1. Hirt Ich habe tief und fest geschlafen,
bis mich dann seine Strahlen trafen.

2. Hirt *Steht auf und zeigt zum Kometenstern.*
Der Stern scheint hell und steht so still,
als ob er uns was zeigen will.
Die Hirten stehen auf.

3. Hirt Er leuchtet hier, er strahlt nach dort.
Er zeigt uns einen andren Ort.

1. Hirt *Zeigt auf 4. Hirt, der noch schläft.*
Seht unsern Jakob, er schläft noch fest.
Ob der sich gar nicht wecken lässt?

2. Hirt Jakob, Jakob, wach doch auf,
sieh einmal zum Himmel rauf!

4. Hirt Lasst mit dem Himmel mich in Ruh.
Ich lasse meine Augen zu.

3. Hirt Oh, dies ist eine seltsame Nacht.
Wir sind schon alle aufgewacht!

2. Hirt Jakob, Jakob, ein Stern zeigt dort
den Weg zu einem andern Ort.

1. Hirt Komm mit uns, komm, wir wollen gehn,
um, was der Stern zeigt, zu besehn.

4. Hirt *Steht auf.*
Ach, Freunde, macht nicht solch Geschrei!
Ich komm ja schon. Ich bin dabei.

2. Hirt Auch Jonas schläft auf seinem Fell.
He, Jonas, auf, komm mit uns, schnell!

5. Hirt *Liegt auf der Seite und hebt den Kopf.*
Was lauft ihr fort in tiefer Nacht?
Was hat euch so verrückt gemacht?

1. Hirt Komm, komm, wir laufen übers Feld,
bis dort der Strahl zur Erde fällt!

5. Hirt Was soll denn dieser dumme Stern?
Ach, Leute, lauft und habt mich gern!
Die Hirten 1 bis 4 laufen zur Seite.
Der 5. Hirt winkt ab und legt sich wieder hin.

Musik

Kindergruppe

1. Kind Die Hirten liefen übers Feld.
Sie liefen auf allen Wegen.
2. Kind Sie sahen den Stern am Himmelszelt
und liefen den Strahlen entgegen.
3. Kind So lief die ganze Hirtenschar
zum Stall in Bethlehem.
4. Kind Da strahlt der Stern so hell und klar,
wie nie zuvor gesehn.

Musik

*Die Kindergruppe tritt nach rechts und links zur Seite
und gibt den Blick frei auf die Krippe.*

Hirten *Die vier Hirten treten von der Seite auf.*

1. Hirt Hier strahlt der allerhellste Schein,
hier muss das Ziel der Suche sein.
2. Hirt Was? Dieser kleine morsche Stall?
So einen gibt es überall!
3. Hirt Was ist denn hier Besondres dran?
Ich seh darin nur einen Mann …
4. Hirt Ich seh daneben eine Frau
und dort, in der Krippe, Michel, schau …
1. Hirt Da liegt ein Baby, winzig klein.
Es liegt im hellen Sternenschein.
2. Hirt Und alle sehn das Baby an –
das Rind, der Esel, die Frau, der Mann.
4. Hirt Auch uns führte der Sternenschein.
Es muss mit dem Kind was Besondres sein!

Musik

Kindergruppe

5. Kind Die Hirten standen lange dort,
als stände still die Zeit.
6. Kind Hier war diese Nacht der wichtigste Ort
und alles andre war weit.
7. Kind Sie standen lange und dachten nach. –
8. Kind Dann gingen sie voller Glück,
als früh das Morgenlicht anbrach,
zu ihren Herden zurück.
*Die Hirten gehen langsam zur Seite.
Die Kindergruppe schließt wieder den Halbkreis.*

Musik

Horst Bartnitzky

Jahreszeiten: Winter

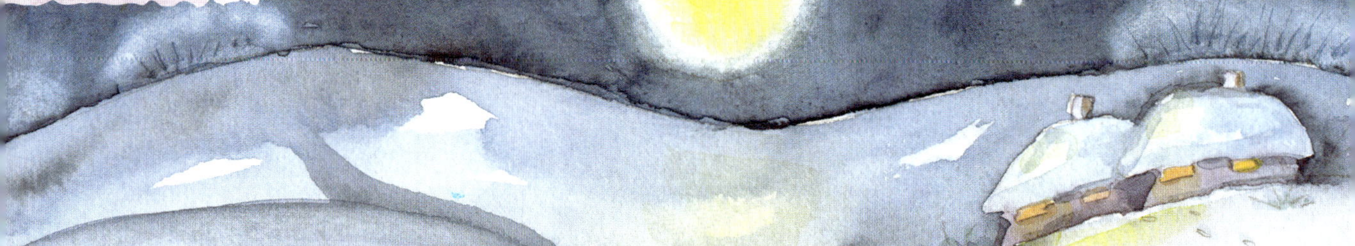

Neujahrsnacht

In dieser Nacht um Mitternacht,
da tut es einen Schlag,
da steht das neue Jahr vor dir
und sagt dir guten Tag.

Und spricht: „Bin ich nicht pünktlich? Freund,
du selbst stehst auch bereit.
Auf, wollen wir gemeinsam gehn
ein Stücklein durch die Zeit!“

Josef Guggenmos

Viele Blätter

Es ist kein Baum, kein Strauch
und hat doch viele Blätter.
Du weißt, wie viel er hat.
Da braucht es keinen Hauch,
es fällt bei jedem Wetter
an jedem Tag ein Blatt.
Ist er zu guter Letzt
entblättert ganz und gar,
dann klingen unsre Gläser:
„Prosit Neujahr!“

Josef Guggenmos

Am 31. Februar

Am einunddreißigsten Februar
wird schwarze Tinte wie Wasser klar,
die Schnecken gewinnen gegen die Hasen
beim Wettlauf auf dem Stadionrasen,
aus Mauselöchern kommen Elefanten,
zur Schule gehen statt der Kinder die Tanten
und Stühle gehen auf allen vieren
neben dem Zebrastreifen spazieren,
ein Bus sagt auf dem Gemüsemarkt
zu zwei Polizisten: „Hier wird nicht geparkt!“
Verkehrsschilder suchen sich ein Versteck,
im Supermarkt laufen die Kassen weg,
das Rathaus bekommt ein’ Nasenstüber,
es geht eben alles drunter und drüber –
denn faustdicke Lügen werden wahr
am einunddreißigsten Februar.

Hans Baumann

Lasse purzelt in den See

Wenn man quer über die Kuhwiese des Nordhofes läuft, kommt man zu einem kleinen See hinunter. Dort laufen wir im Winter Schlittschuh.
In diesem Jahr gab es eine besonders schöne spiegelglatte Eisfläche auf dem See. Eines Tages wollte Mutti nicht, dass wir zum See gingen, nur weil Vati und Onkel Erik ein großes Loch in das Eis geschlagen hatten. Aber ich sagte: „Wir sehen doch die Wacholderbüschel, die sie aufgestellt haben, so dass wir uns vor dem Loch in Acht nehmen können." Und da durften wir gehen.

Manchmal ist Lasse doch sehr dumm. Vor allem, wenn er versucht, sich wichtig zu machen. Das tat er jetzt. Er versuchte, so dicht wie möglich an das Eisloch heranzulaufen. „Hier kommt der Großschlitterer aus Bullerbü!", schrie er. Und dabei fuhr er genau auf das Eisloch zu und schwenkte erst in der allerletzten Sekunde zur Seite. „Lasse, du bist wohl ganz verrückt geworden!", rief Ole. Wir schimpften alle auf Lasse, aber das half nichts. Er fing sogar an, in Schlangenlinien und Kreisen um das Eisloch herumzusausen. „Aufgepasst", schrie er, „jetzt kommt er, der Großschlitterer von Bullerbü!" Und das tat er wirklich. Er kam und schlitterte ratschepatsch rückwärts in das Eisloch, denn er war der äußersten Kante zu nahe gekommen. Wir schrien. Und Lasse schrie auch, schlimmer als irgendeiner von uns.

Wir hatten riesige Angst und dachten, Lasse könnte ertrinken. Wir legten uns in einer langen Reihe hintereinander auf das Eis und hielten einer des anderen Füße fest. Bosse lag ganz vorn an der Kante des Loches und wir alle zusammen hielten hintereinander ganz fest, ganz fest. Und so zog Bosse Lasse aus dem Eisloch und wir rannten, so schnell wir konnten, nach Hause. Lasse weinte beinahe, aber nicht richtig. Mutti war recht böse auf Lasse, weil er in das Eisloch gefallen war. Er musste sich ins Bett legen und heiße Milch trinken, um warm zu werden. Und dann musste er einige Stunden liegen bleiben, um über seine Sünden nachzudenken, wie Mutti sagte.

Astrid Lindgren

Rechtschreib-Training

Richtig abschreiben

So schreibst du einen Text richtig ab:

1. **Lies** einen Satz **genau** und sprich deutlich mit.
2. **Merke** dir **besondere Wörter**.
3. **Decke** so viele Wörter **ab**,
   wie du dir merken kannst.
4. **Schreibe** und sprich die Wörter leise mit.
5. **Vergleiche genau**.
6. Ist ein Wort **nicht richtig** geschrieben,
   streiche es durch und schreibe es **neu**.

Familie

Nora hat zwei Brüder
und eine Schwester.
Nora ist das jüngste Kind in der Familie.
Zusammen mit Vater und Mutter
lebt sie in einem Haus.
Nora hat ein kleines Meerschweinchen.
Es heißt Trude.

Post

Paul soll einen Brief zur Post bringen.
Am Postschalter kauft er eine Briefmarke.
Schnell klebt er sie auf den Briefumschlag.
Vor der Post steht der Briefkasten.
Paul wirft den Brief ein.
Nun kann der Brief auf Reisen gehen.

Schreibe die Texte nach den Abschreibregeln ab.

Rechtschreib-Training

Abschreibheft

So übst du einen Text mit deinem Abschreibheft:

1. **Stecke** den Abschreibtext in die Folientasche.
2. **Lies** einen Satz **genau** und spricht deutlich mit.
3. **Merke** dir **besondere Wörter**.
4. **Schreibe** den Satz in dein Heft und sprich die Wörter leise mit.
5. Nimm den Text aus der Folientasche und **vergleiche genau**.
6. Ist ein Wort **nicht richtig** geschrieben, streiche es durch und schreibe es **neu**.

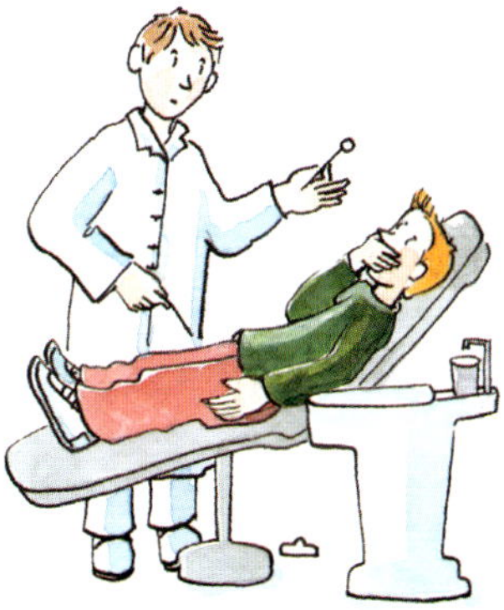

Beim Zahnarzt

Leon ist beim Zahnarzt.
Aber er will den Mund nicht aufmachen.
Leon sagt: „Herr Doktor, Sie brauchen nicht zu bohren.“
„Wieso?“, fragt der Zahnarzt.
„Meine Zähne haben schon ganz viele Löcher.“

Glück oder Unglück

Sarah schimpft:
„So ein Unglück!“
Mutter sagt:
„So ein Glück!
Jetzt können wir wieder mit Sarah reden.
Jetzt können wir wieder mit Sarah spielen.
Jetzt können wir zusammen ins Kino gehen.“
Was ist los?
Der Fernseher ist kaputt!

Übe die Texte.

Rechtschreib-Training

Schleichdiktat

So übst du einen Text mit dem Schleichdiktat:

1. **Lege** den Text an eine Stelle in der Klasse.
2. Schleiche zu dem Text.
   Lies einen Satz **genau** und spricht deutlich mit.
3. **Merke** dir **besondere Wörter**.
4. Schleiche zurück zu deinem Platz.
   Schreibe und sprich die Wörter leise mit.
5. Schreibe so den ganzen Text.
6. **Vergleiche** deinen Text **genau**
   mit dem Abschreibtext.
7. Ist ein Wort **nicht richtig** geschrieben,
   streiche es durch und schreibe es **neu**.

Eine gute Entschuldigung

Eine Schildkröte, ein Frosch und ein Tausendfüßler
haben sich in einem Lokal verabredet.
Die Schildkröte und der Frosch sind pünktlich,
nur der Tausendfüßler lässt auf sich warten.
Schließlich kommt er erschöpft herein.
„Wo warst du denn so lange?“
„Könnt ihr denn nicht lesen?
An der Tür hängt doch ein Schild: Bitte Füße abwischen!“

Meine fünf Sinne

Mit den Augen kann ich sehen.
Mit der Nase kann ich riechen.
Mit dem Mund kann ich
schmecken.
Mit den Ohren kann ich hören.
Mit den Händen kann ich tasten.

Schreibe die Texte.

Rechtschreib-Training

Partnerdiktat

So üben Flipp und Flo gemeinsam einen Text:

Flipp und Flo **lesen** zusammen den Text.

Flipp **diktiert**
langsam und deutlich
ein Wort oder mehrere Wörter.

Flo **hört genau zu**
und **schreibt** dann
das Wort oder die Wörter.

Flipp **schaut genau**,
was Flo schreibt.

Flo **fragt** nach,
wenn sie ein Wort nicht schreiben kann.

Sieht Flipp einen **Fehler**,
sagt er sofort: „**Stopp**!“

Flo **streicht** das falsche Wort **durch**,
überlegt und **schreibt** es **neu**.

Flipp und Flo **tauschen** ihre Rollen.

Das Gewitter

Der Wind treibt dunkle Wolken heran.
Nun blitzt und donnert es.
Die ersten Regentropfen fallen herab.
Das Gewitter verzieht sich.
Ein Regenbogen ist am Himmel zu sehen.

Geisterstunde

Die Turmuhr schlägt zwölf.
Es ist Mitternacht – Geisterstunde.
Die Gespenster spuken leise durch das Schloss.
Sie flüstern und wispern.
Sie erzählen sich
gruselige Märchen.
Die Turmuhr schlägt eins.
Der Spuk ist vorbei.

Übt gemeinsam die Texte wie Flipp und Flo.

Rechtschreib-Training

Nachschlagen im Wörterbuch

Im Wörterbuch sind die Wörter nach dem Abc geordnet.
Damit du ein Wort im Wörterbuch schnell findest, musst du das Abc gut lernen.

Übungen rund um das Alphabet

1 Welcher Buchstabe geht voran?
Welcher folgt?

1. **B** 2. **D** 3. **H** 4. **K** 5. **N** 6. **R** 7. **U** 8. **X**

Schreibe so: *1. A **B** C 2. …*

2 Welche drei Buchstaben folgen?

1. **D** 2. **G** 3. **M** 4. **Q** 5. **W**

Schreibe so: *1. **D** E F G 2. …*

3 Auf welcher Seite stehen diese Wörter in der Wörterliste?

Geist | **Computer** | **Märchen** | **Ameise** | **Pferd** | **Wind**

Schreibe so: *Geist = Seite 215, Computer = Seite …*

4 Welches Wort steht in der Wörterliste davor, welches Wort folgt?

Dezember | **l**aufen | **F**amilie | **g**ehen | **h**och | **W**asser

Schreibe so: *deshalb – Dezember – dich, …*

5 Stelle einem anderen Kind weitere Aufgaben.

Abc und Stopp

Lisa kennt ein lustiges Abc-Spiel. Sie sagt in Gedanken das Abc auf.
Jan ruft: „Stopp!“
Lisa ist beim **T** angekommen. Sie ruft den Buchstaben in die Klasse.
Alle Kinder suchen schnell für die verschiedenen Spalten Wörter mit **T**.
Wer zuerst alle Wörter aufgeschrieben hat, sagt: „Stopp!“
Zum Schluss werden die Wörter vorgelesen und verglichen.

Person	*Tier*	*Pflanze*	*Ding*
Thomas	*Tiger*	*Tulpe*	*Teekanne*

6 Spielt das Spiel in der Klasse, in einer Gruppe oder zu zweit.

Rechtschreib-Training

Nach dem Abc sortieren

1 Ordne die Namen der Kinder nach dem Abc:
Marie, **L**eon, **A**lexander, **S**ophie, **J**onas, **P**aula, **V**anessa, **T**om, **K**athrin
Schreibe so: ***A**lexander, …*

2 Macht euch Namensschilder und stellt euch in eurer Klasse nach dem Abc auf.
Gibt es in eurer Klasse Kinder mit gleichen Anfangsbuchstaben?
Wie löst ihr das Problem?

3 Auch Wörter, die den gleichen Anfangsbuchstaben haben,
kannst du nach dem Abc ordnen.
Dann ist der **zweite Buchstabe** wichtig.
Ordne diese Wörter.

B**u**ch

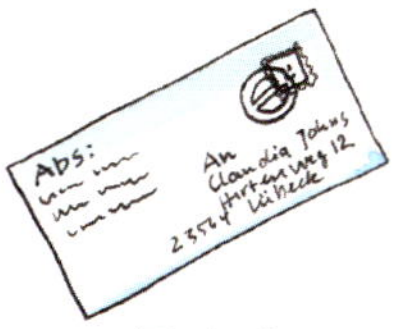
B**r**ief

B**a**gger

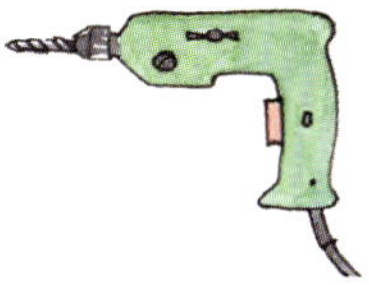
B**o**hrmaschine

4 Ordne die Wörter nach dem zweiten Buchstaben. Schreibe sie geordnet ins Heft.

Löcher	September	Heft	Esel
Laden	See	Haar	Ente
Luft	Sand	Hunger	Ende
Lehrerin	Sommer	Himmel	Elefant

Rechtschreib-Training

Wörterlisten

Ameise	helfen	Familie
Brief	Junge	feiern
Computer	klettern	Film
Esel	lachen	fragen
Ferien	ich	fliegen
Dose	malen	Foto
Gespenst	nicht	Fuß

1 Welches Wort ist jeweils falsch eingeordnet?
Schreibe alle Wörter in der richtigen Reihenfolge.

Wörterlistendiktat

Flo **diktiert langsam** und **deutlich** zehn Wörter aus der Wörterliste.

der Himmel	
streiten	
~~mutik~~	mutig
spuken	
der ~~Spiget~~	der Spiegel
darüber	
essen	
die Mutter	
das ~~Märschen~~	das Märchen
die Zwiebel	

Flipp **hört genau zu** und schreibt die Wörter untereinander.

Flipp **liest** die Wörter nochmals **genau**.

Flipp **macht** einen **Punkt** unter die Wörter, bei denen er unsicher ist.

Jetzt **schaut** Flipp diese Wörter **in** der **Wörterliste** nach.

Ist ein Wort **nicht richtig** geschrieben, streicht Flipp das Wort durch und schreibt es **neu**.

2 Trainiert gemeinsam Wörter mit dem Wörterlistendiktat.

Rechtschreib-Training

Kontrollieren und Korrigieren

Der igel

Ein kleiner Igel ferläuft sich in der Nacht in einem Gaten.
Immer wieder schtößt er an einen großen runden kaktus an.
Er fragd:
„mama, bist du es?"

Bei manchen Wörtern ist Flo unsicher. Sie hat diese Wörter gekennzeichnet.

Igel ist ein Nomen. Also muss es großgeschrieben werden.

Wird **ferläuft** mit **f** oder **v** geschrieben? Ich schlag mal nach.

1 Lies den Text.

2 Kontrolliere diese Wörter durch Nachdenken oder Nachschlagen.

3 Schreibe die falschen Wörter richtig auf.

Onkel Otto, der Tierfreunt

Lukas füttert seine fische.
Sein onkel Otto schaut zu und fragt:
„Was tuts du da?"
„Ich gebe den Fischen Wasserflöhe", antwortet lukas.
Böse reißt Otto ihm das Glas aus der hand und schimpft:
„Igitt! wie kannst du so was tun?
Die Fische können sihc doch gar nicht kratzen."

In Flipps Text ist in jeder Reihe ein Fehler.

Ah! Ich habe gemerkt, welche Fehler ich besonders oft mache. Da muss ich beim nächsten Mal aber drauf achten.

4 Lies den Text.

5 Welche Wörter hat Flipp falsch geschrieben?
Kontrolliere durch Nachdenken oder Nachschlagen.

6 Schreibe die falschen Wörter richtig auf.

7 Findest du heraus, welche Fehler Flipp besonders häufig macht?

Rechtschreib-Training

Nomen

Wörter, die Personen, Tiere und Pflanzen bezeichnen,
nennt man **Nomen**.
Nomen schreibt man mit einem **großen** Anfangsbuchstaben.
Nomen können einen **Artikel** haben: **der** **die** **das** **ein** **eine**.
Nomen gibt es in der **Einzahl** und in der **Mehrzahl**.

tim und tom

tim und tom fahren mit dem fahrrad.
plötzlich hält tim an
und steigt ab.
er lässt die luft aus dem reifen.
tom fragt: „warum tust du das?“
tim antwortet:
„ganz einfach!
mir war der sattel zu hoch.“

ketschup

einmal gingen zwei tomaten
über die straße.
da kam ein auto
und fuhr eine tomate platt.
die andere tomate
drehte sich um und sagte:
„komm, ketschup, wir gehen weiter.“

maus und elefant

eine maus und ein elefant gehen durch die wüste.
die maus läuft immer im schatten des elefanten.
plötzlich bleibt sie stehen und sagt:
„wenn es dir zu heiß wird,
können wir gerne mal tauschen.“

1 Lies die Texte.

2 Findest du die Nomen?

3 Schreibe die Texte richtig ab.
Achte auf die Großschreibung.

Rechtschreib-Training

Endungen von Nomen

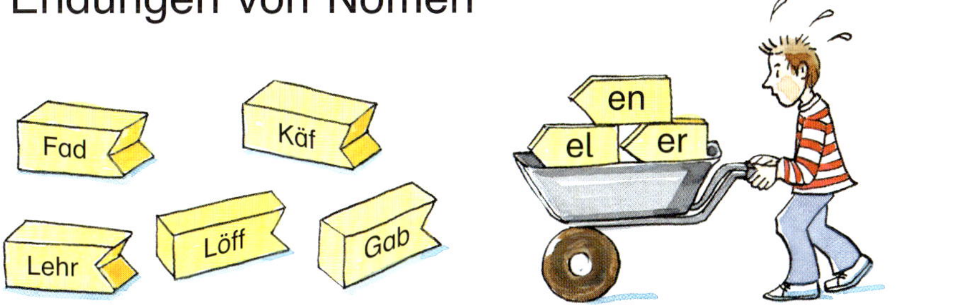

Viele Nomen haben am Wortende: en el er

1 Ordne die Endungen zu.

2 Schreibe die Nomen auf.
Unterstreiche die Endungen: *Käf<u>er</u>, …*

S. 211

Üben mit dem Tipp von Flipp

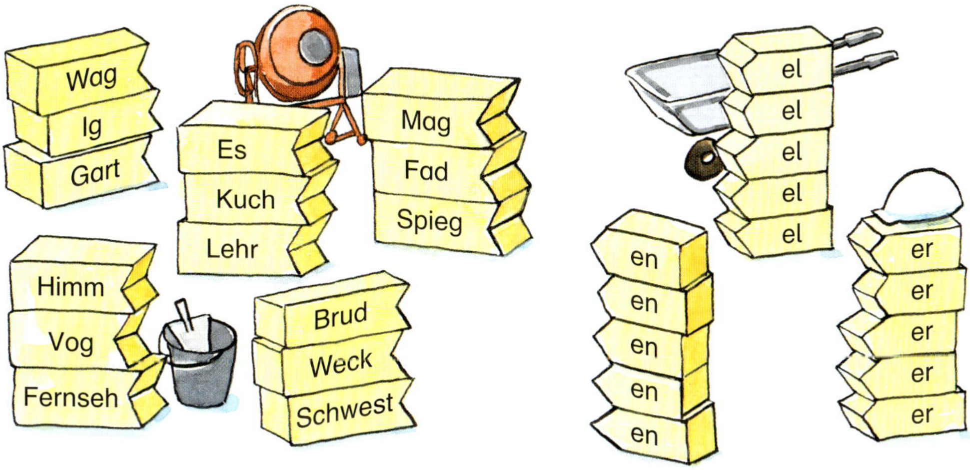

3 Sprich deutlich und ordne zu.
Schreibe die Wörter mit Artikel auf.

en	*el*	*er*
der Kuchen	*der Esel*	*der Bruder*

4 Suche Wörter mit den Endungen: en el er
Schreibe sie auf.
Markiere die Endungen.

Rechtschreib-Training

Verben

Wörter, die sagen, was geschieht oder was man tut, heißen **Verben**.
Verben haben verschiedene Formen.
Verben werden in der **Grundform** immer mit **-n** oder **-en** am Ende geschrieben.

Allein und zusammen

Allein spielen:

Ich spiele. Du spielst. Er spielt.

Zusammen spielen:

Wir spielen. Ihr spielt. Sie spielen.

spielen	rennen	klettern	lernen	turnen
trinken	schreiben	singen	hüpfen	
fahren	fallen	schlafen	helfen	lesen

1 Schreibe Verben in den verschiedenen Formen auf:

ich singe	*wir …*
du singst	*ihr …*
er, sie, es …	*sie …*

Wortbaustelle für Verben

2 Suche noch mehr Verben und schreibe sie wie in Aufgabe 1 auf.

Rechtschreib-Training

Adjektive

Adjektive beschreiben, wie etwas ist.
Zu vielen **Adjektiven** gibt es Wörter, die das **Gegenteil** sagen.
Adjektive lassen sich meistens **steigern**.

1 Bilde Gegensatzpaare: *lang – kurz, …*

PKW

Geschwindigkeit: 203 km/h
Länge: 4,50 m
Gewicht: 1500 kg
Preis: 27 000 €

LKW

Geschwindigkeit: 108 km/h
Länge: 9,70 m
Gewicht: 12 000 kg
Preis: 75 000 €

Rennwagen

Geschwindigkeit: 350 km/h
Länge: 4,65 m
Gewicht: 550 kg
Preis: 1 000 000 €

2 Vergleiche die Autos miteinander und schreibe so:
Der LKW ist schnell.
Der PKW ist schneller.
Der Rennwagen ist am schnellsten.

schnell
lang
schwer
teuer

Elefant	jung	trompeten
spitz	Bleistift	zeichnen
Strich	Lineal	schief
rechnen	leicht	Aufgabe
eng	spielen	Schulhof
Biene	fleißig	Honig
scheinen	Lampe	hell
sauber	Fenster	putzen

3 In jeder Reihe befindet sich ein Adjektiv. Findest du es?
Schreibe es mit dem Gegensatz oder mit der Steigerung auf.

Rechtschreib-Training

Wortfamilien

1 Schreibe die Wörter ab.
Unterstreiche den Wortstamm FAHR : *fahren, Fahrbahn, …*

2 Suche weitere Wörter zum Wortstamm FAHR .
Schreibe sie auf. Unterstreiche den Wortstamm.

3 Bilde Sätze mit den Wörtern.

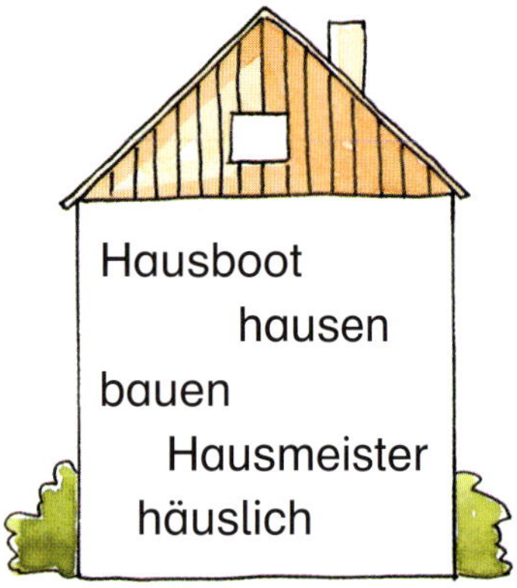

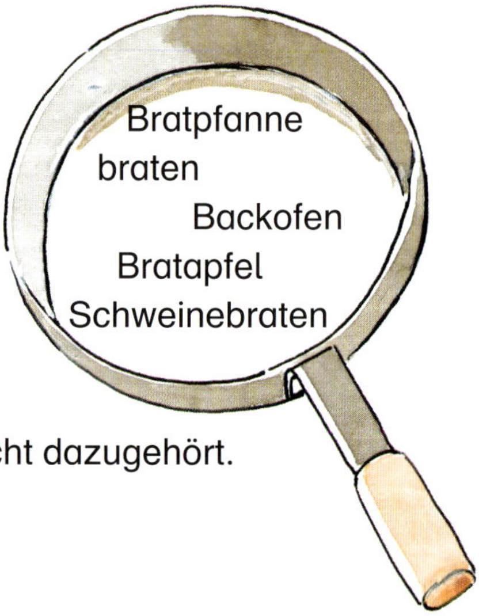

4 Jede Wortfamilie hat einen Gast versteckt, der nicht dazugehört.
Finde den Gast.

5 Schreibe die Wortfamilien ab.
Unterstreiche jeweils den Wortstamm.

6 Bildet Wortfamilien und versteckt einen Gast.
Lasst andere Kinder die Gäste finden.

Rechtschreib-Training

Satzschluss-Zeichen

Am Ende eines Satzes musst du ein Zeichen setzen:

? bei einer Frage

! bei einem Ausruf

. bei einer Aussage

. oder ! bei einer Aufforderung.

Herbst

Leo und Anne bauen einen Drachen aus Holz und Papier ☐
Sie laufen auf ein Feld ☐
Hier wollen sie ihren Drachen steigen lassen ☐
Der Wind bläst wild und der Drachen steigt höher und höher ☐
„Halte die Schnur gut fest ☐“, ruft Anne ☐
Hui ☐
Eine Windböe ☐
Der Drachen fliegt weg ☐
Leo hat nur noch die Spule in der Hand ☐
Anne ist entsetzt:
„Leo, hast du denn die Schnur nicht festgebunden ☐“

Scherzfrage

„Warum fliegen die Vögel im Winter in den Süden ☐“
„Weil es zum Laufen zu weit ist ☐“

1 Lies die Texte.

2 Trage einem anderen Kind die Texte laut vor.

3 Schreibt die Texte mit den Satzzeichen auf.

4 Vergleicht eure Texte.

5 Schreibe Sätze mit verschiedenen Satzschluss-Zeichen.

Wörter mit ä/äu

Jonas geht in die 2 a.
Er ist der Kleinste in der Klasse.
Die anderen Kinder ärgern ihn manchmal
und das macht Jonas sehr traurig.
Eines Nachts liegt Jonas im Bett und schläft.

Er tr___mt von einem kleinen Fr___lein
und einem kleinen M___nnlein.
Diese leben in einem kleinen H___schen
in den W__ldern des Siebengebirges.
Zwischen den riesigen B___men wirkt das P__rchen sehr winzig.
Sogar L___se und M___se sind größer als sie.
Trotzdem sind die beiden nie __ngstlich.
Wenn ihnen jemand zu nahe kommt,
erhebt das M__nnchen seine F___ste und droht:
„Wenn du uns nicht in Ruhe l__sst, krabble ich in
deine Nase und kitzle dich mit klitzekleinen Kr___tern,
bis du keine Luft mehr kriegst!"

1 Setze ä oder äu ein.

Die	kommt von	Probe						
Träume	kommt von	Traum	Bäume	kommt von	Baum	L□□se	kommt von	?
H□□schen	kommt von	?	M□□se	kommt von	?	F□□ste	kommt von	?
Fr□□lein	kommt von	?	Kr□□ter	kommt von	?	B□□che	kommt von	?
l□□ft	kommt von	laufen	s□□ft	kommt von	?	l□□ten	kommt von	?
h□□fig	kommt von	?	aufr□□men	kommt von	?	s□□bern	kommt von	?

2 Finde zu den äu-Wörtern die verwandten au-Wörter.

3 Schreibe die Wörter und sprich dazu.
Träume – Traum

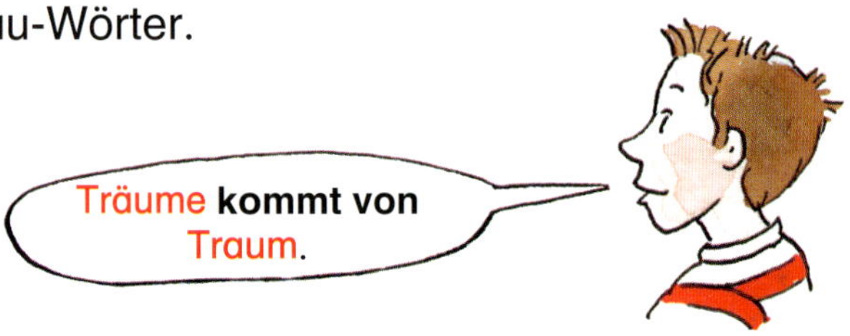

4 Schreibe Sätze mit diesen Wörtern.

Rechtschreib-Training

Wörter verlängern

1 Deutlich sprechen reicht hier nicht.
Verlängere die Wörter. Setze sie in die Mehrzahl: *ein Zelt – viele Zelte*

Zel__ Bee__ Bar__ Arz__ Elefan__ Bro__

Boo__ Stif__ As__ Tex__ Sala__ Pake__

2 Schreibe die Beispiele auf.

har__: *eine harte Nuss*
bun__: *ein ___ Kostüm*
brei__: *eine ___ Straße*
lau__: *eine ___ Klasse*
al__: *ein ___ Mann*
kal__: *eine ___ Cola*

3 Schreibe die Wörter auf.

Tan__ – tanken
Dan__ – …
Geschen__ – …

4 Schreibe die Sätze auf.

Der Mann ist schlan__. *Die Frau ist noch schlan___.*
Die Katze ist flin__. *Die Maus ist noch flin___.*
Felix ist star__. *Anna ist noch stär___.*

5 Suche weitere Wörter, bei denen du verlängern musst.

Rechtschreib-Training

Wörter mit V/v

Volkers Vater spielt gerne Klavier.
Er übt jeden Tag viele Stunden.
Er übt von morgens bis abends.
Nur um vier Uhr macht er eine Pause,
um seine Vögel zu füttern.
Aber es dauert meist nicht lange,
dann sitzt Vater wieder vor seinem Klavier.

1 Schreibe die Wörter mit V/v ab.

2 Markiere alle V/v farbig.

3 

4 

5 Bilde mit jedem V/v-Wort einen Satz.

Es gibt nur wenige V/v-Wörter.
Du musst sie dir merken.

Oder: 

Bausteine für den Wortanfang: ver und vor

tragen | lesen | fahren | nehmen

schreiben | laufen | legen | arbeiten

6 Setze die Wortbausteine ein und schreibe die Wörter auf.

Unterstreiche ver- und vor-: *vertragen, vortragen, …*

7 Was stellst du fest, wenn du ver- und vor- einsetzt?

8 Bilde Sätze mit den Verben.

Rechtschreib-Training

Wörter haben Silben

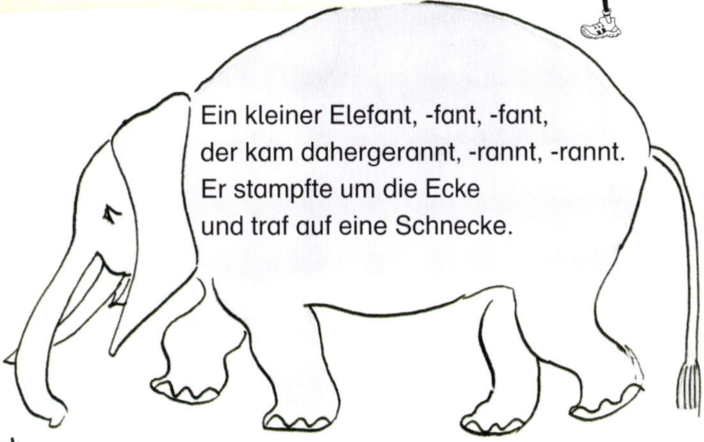

Ein kleiner Elefant, -fant, -fant,
der kam dahergerannt, -rannt, -rannt.
Er stampfte um die Ecke
und traf auf eine Schnecke.

1 Sprich den Vers.
Klatsche dabei abwechselnd in deine Hände
und in die deiner Partnerin oder deines Partners:

Ein	klei - ner	E - le - fant,	-fant,	-fant …
X	X X	X X X	X	X

Ofen	O-fen
Esel	
Ameise	
Besen	
Telefon	

Jacke	Ja-cke
Glocke	
Decke	
Socke	
Locke	

Messer	Mes-ser
Trommel	
Butter	
Tanne	
Affe	

2 Trenne die Wörter, wie du die Silben sprichst.
Klatsche dabei.

3 Schreibe die Wörter mit Trennstrichen auf.

4 Suche weitere Wörter und trenne sie.

Wörterliste

Aa

der **Aal**, die Aale
ab
abends
der **Affe**, die Affen
alle
das **Alphabet**
als
alt, älter, am ältesten
die **Ameise**, die Ameisen
an
die **Ananas**
andere
die **Angst**, die Ängste
ängstlich, ängstlicher, am ängstlichsten
der **Anorak**, die Anoraks
anschließend
antworten, du antwortest, sie antwortet
der **Apfel**, die Äpfel
der **April**
arbeiten, du arbeitest, er arbeitet
der **Arm**, die Arme
arm, ärmer, am ärmsten
der **Arzt**, die Ärzte
die **Ärztin**, die Ärztinnen
der **Ast**, die Äste
auch
das **Auge**, die Augen
der **August**
aus
auswählen, du wählst aus, er wählt aus
das **Auto**, die Autos
der **Autor**, die Autoren
die **Autorin**, die Autorinnen

Bb

das **Baby**, die Babys
backen, du backst, er backt
der **Bagger**, die Bagger
balancieren, du balancierst, er balanciert
bald, so bald wie …
der **Ball**, die Bälle
die **Banane**, die Bananen
die **Bank**, die Bänke
der **Bart**, die Bärte
basteln, du bastelst, sie bastelt
der **Bauch**, die Bäuche
bauen, du baust, sie baut
der **Bauer**, die Bauern
der **Baum**, die Bäume
das **Beet**, die Beete
das **Bein**, die Beine
beinahe
bekommen, du bekommst, sie bekommt
bellen, du bellst, er bellt
beobachten, du beobachtest, er beobachtet
der **Berg**, die Berge
der **Beruf**, die Berufe
das **Bett**, die Betten
bewachen, du bewachst, er bewacht
bewegen, sich bewegen, du bewegst dich, sie bewegt sich
der **Biber**, die Biber

die **Biene**, die Bienen
das **Bild**, die Bilder
der **Bildschirm**, die Bildschirme
bis
blasen, du bläst, er bläst
das **Blatt**, die Blätter
bleiben, du bleibst, er bleibt
der **Bleistift**, die Bleistifte
blind
blinken, du blinkst, sie blinkt
die **Blume**, die Blumen
der **Boden**, die Böden
bohren, du bohrst, sie bohrt
das **Boot**, die Boote
böse, böser, am bösesten
brauchen, du brauchst, er braucht
breit, breiter, am breitesten
der **Brief**, die Briefe
bringen, du bringst, er bringt
das **Brot**, die Brote
der **Bruder**, die Brüder
brüllen, du brüllst, er brüllt
das **Buch**, die Bücher
die **Bücherei**, die Büchereien
der **Buchladen**, die Buchläden
der **Buchstabe**, die Buchstaben
bunt, bunter, am buntesten
die **Burg**, die Burgen
bürsten, du bürstest, er bürstet
der **Bus**, die Busse

Cc

der **Chinese**, die Chinesen
der **Clown**, die Clowns
der **Computer**, die Computer
der **Cowboy**, die Cowboys

Dd

da
danken, du dankst, er dankt
dann
darauf
darin
darüber
das
dass
der **Deckel**, die Deckel
dein, deine
der **Delfin**, die Delfine
dem
den
denken, du denkst, er denkt
denn
der
deshalb
der **Dezember**
dich
dick, dicker, am dicksten
die
der **Dieb**, die Diebe
der **Dienstag**
dieser, diese, dieses
dir

doch
der **Donnerstag**
dort
der **Drachen**, die Drachen
draußen
drehen, du drehst, er dreht
der **Drucker**, die Drucker
du
dunkel, dunkler, am dunkelsten
dünn, dünner, am dünnsten
durch
dürfen, du darfst, sie darf

Ee

die **Ecke**, die Ecken
das **Ei**, die Eier
ein, eine
einfach, einfacher,
am einfachsten
einkaufen, du kaufst ein,
sie kauft ein
einladen, du lädst ein,
sie lädt ein
einmal
eins
einzeln
der **Elch**, die Elche
der **Elefant**, die Elefanten
die **E-Mail**, die E-Mails
das **Ende**, die Enden
eng, enger, am engsten
die **Ente**, die Enten
entspannt, entspannter,
am entspanntesten
er
die **Erde**
ernst, ernster, am ernstesten
erst
erstaunt, erstaunter,
am erstauntesten
erster, erste, erstes
erzählen, du erzählst,
sie erzählt
es
der **Esel**, die Esel
essen, du isst, sie isst
etwas

Ff

das **Fabeltier**, die Fabeltiere
fahren, du fährst, er fährt
das **Fahrrad**, die Fahrräder
die **Fahrt**, die Fahrten
fallen, du fällst, er fällt
der **Fallschirm**, die Fallschirme
falsch, falscher, am falschesten
die **Familie**, die Familien
die **Fantasie**, die Fantasien
die **Farbe**, die Farben
fauchen, du fauchst, er faucht
die **Faust**, die Fäuste
der **Februar**
die **Feder**, die Federn
fehlen, du fehlst, er fehlt
der **Fehler**, die Fehler
feiern, du feierst, sie feiert
das **Feld**, die Felder
das **Fell**, die Felle
das **Fenster**, die Fenster

die	**Ferien**
	fernsehen, du siehst fern, sie sieht fern
der	**Fernseher**, die Fernseher
die	**Ferse**, die Fersen
	fertig
das	**Fest**, die Feste
	fest, fester, am festesten
	fiepen, du fiepst, er fiept
der	**Film**, die Filme
	finden, du findest, er findet
der	**Finger**, die Finger
der	**Fisch**, die Fische
	flach, flacher, am flachsten
das	**Fleisch**
	fleißig, fleißiger, am fleißigsten
	fliegen, du fliegst, sie fliegt
	flink, flinker, am flinksten
der	**Floh**, die Flöhe
der	**Flügel**, die Flügel
das	**Flugzeug**, die Flugzeuge
	flüstern, du flüsterst, es flüstert
das	**Foto**, die Fotos
	fragen, du fragst, sie fragt
die	**Fratze**, die Fratzen
die	**Frau**, die Frauen
	frei, freier, am freiesten
der	**Freitag**
	fressen, du frisst, er frisst
	freuen, sich freuen, du freust dich, er freut sich
der	**Freund**, die Freunde
die	**Freundin**, die Freundinnen
	frisch, frischer, am frischesten
der	**Frisör**, die Frisöre
	froh, froher, am frohesten
	fröhlich, fröhlicher, am fröhlichsten
der	**Frühling**
das	**Frühstück**, die Frühstücke
der	**Fuchs**, die Füchse
	fühlen, du fühlst, er fühlt
	für
der	**Fuß**, die Füße
der	**Fußball**, die Fußbälle
das	**Futter**
	füttern, du fütterst, sie füttert

Gg

	gackern, du gackerst, er gackert
	ganz
	gar
der	**Garten**, die Gärten
	geben, du gibst, sie gibt
	gefährlich, gefährlicher, am gefährlichsten
das	**Gefühl**, die Gefühle
	gehen, du gehst, er geht
der	**Geist**, die Geister
	gelb
das	**Geld**, die Gelder
	gern, gerne
das	**Gesicht**, die Gesichter
das	**Gespenst**, die Gespenster
	gestern
	gießen, du gießt, er gießt
das	**Glas**, die Gläser
die	**Glatze**, die Glatzen
	gleich, gleichartig
	glücklich, glücklicher, am glücklichsten
	graben, du gräbst, er gräbt

das **Gras**, die Gräser
grob, gröber, am gröbsten
groß, größer, am größten
grunzen, du grunzt, er grunzt
gucken, du guckst, er guckt
gut, besser, am besten

Hh

das **Haar**, die Haare
haben, du hast, sie hat
halten, du hältst, sie hält
der **Hammer**, die Hämmer
die **Hand**, die Hände
hängen, du hängst, sie hängt
hart, härter, am härtesten
der **Haufen**, die Haufen
das **Haus**, die Häuser
die **Hausaufgabe**, die Hausaufgaben
das **Heft**, die Hefte
heiß, heißer, am heißesten
heißen, du heißt, sie heißt
helfen, du hilfst, sie hilft
hell, heller, am hellsten
der **Herbst**
der **Herd**, die Herde
das **Herz**, die Herzen
heute
hier
der **Himmel**, die Himmel
hinaus
hinter
hoch, höher, am höchsten
holen, du holst, er holt
hören, du hörst, er hört
der **Hubschrauber**, die Hubschrauber
das **Huhn**, die Hühner
der **Hund**, die Hunde
der **Hunger**
hüpfen, du hüpfst, sie hüpft

Ii

ich
der **Igel**, die Igel
ihm
ihn
ihr
der **Iltis**, die Iltisse
im
immer
in

Jj

ja
das **Jahr**, die Jahre
der **Januar**
jeder, jede, jedes
jemand
jetzt
der **Juli**
jung, jünger, am jüngsten
der **Junge**, die Jungen
der **Juni**

K k

der	**Käfer**, die Käfer
der	**Kaktus**, die Kakteen
der	**Kalender**, die Kalender
	kalt, kälter, am kältesten
das	**Känguru**, die Kängurus
das	**Kaninchen**, die Kaninchen
die	**Kanne**, die Kannen
die	**Kappe**, die Kappen
	kaputt
die	**Kartei**, die Karteien
die	**Kartoffel**, die Kartoffeln
die	**Kastanie**, die Kastanien
der	**Kater**, die Kater
die	**Katze**, die Katzen
	kaufen, du kaufst, sie kauft
	keiner
	kennen, du kennst, sie kennt
die	**Kerze**, die Kerzen
das/der	**Ketschup**
das	**Kind**, die Kinder
	kitzeln, du kitzelst, sie kitzelt
die	**Klasse**, die Klassen
	klatschen, du klatschst, er klatscht
	kleben, du klebst, sie klebt
das	**Kleid**, die Kleider
	klein, kleiner, am kleinsten
die	**Klette**, die Kletten
	klettern, du kletterst, er klettert
	kommen, du kommst, sie kommt
die	**Königin**, die Königinnen
	können, du kannst, sie kann
der	**Kopf**, die Köpfe
der	**Korb**, die Körbe
der	**Kragen**, die Kragen
	krähen, du krähst, sie kräht
	krank, kränker, am kränksten
	kratzen, du kratzt, er kratzt
das	**Kraut**, die Kräuter
	kriechen, du kriechst, er kriecht
die	**Küche**, die Küchen
der	**Kuckuck**, die Kuckucke
die	**Kuh**, die Kühe
	kühl, kühler, am kühlsten
	kurz, kürzer, am kürzesten
der	**Kuss**, die Küsse

L l

	lachen, du lachst, er lacht
das	**Lamm**, die Lämmer
	lang, länger, am längsten
	langsam, langsamer, am langsamsten
	lassen, du lässt, sie lässt
	laufen, du läufst, sie läuft
die	**Laus**, die Läuse
	laut, lauter, am lautesten
	legen, du legst, sie legt
der	**Lehrer**, die Lehrer
die	**Lehrerin**, die Lehrerinnen
	leicht, leichter, am leichtesten
	leise, leiser, am leisesten
der	**Leopard**, die Leoparden
	lernen, du lernst, er lernt
die	**Leseecke**, die Leseecken
	lesen, du liest, er liest

das **Lexikon**, die Lexika
die **Libelle**, die Libellen
das **Licht**, die Lichter
lieb, lieber, am liebsten
das **Lied**, die Lieder
liegen, du liegst, sie liegt
links
los
der **Löwe**, die Löwen
der **Löwenzahn**
die **Luft**, die Lüfte
lustig, lustiger, am lustigsten

Mm

machen, du machst, sie macht
das **Mädchen**, die Mädchen
der **Magen**, die Mägen
der **Mai**
malen, du malst, sie malt
die **Mama**, die Mamas
man
manchmal
der **Mann**, die Männer
das **Märchen**, die Märchen
die **Marmelade**
der **März**
der **Maulwurf**, die Maulwürfe
die **Maus**, die Mäuse
meckern, du meckerst, er meckert
das **Meer**, die Meere
das **Meerschweinchen**, die Meerschweinchen
mein, meine
meinen, du meinst, sie meint
der **Mensch**, die Menschen
messen, du misst, er misst
miauen, du miaust, sie miaut
mir
mit
der **Mittag**, die Mittage
der **Mittwoch**
mögen, du magst, er mag
der **Montag**
der **Morgen**, die Morgen
morgen
der **Mund**, die Münder
die **Muschel**, die Muscheln
das **Museum**, die Museen
die **Musik**
müssen, du musst, sie muss
mutig, mutiger, am mutigsten
die **Mutter**, die Mütter

Nn

der **Nabel**, die Nabel
nach
der **Nachmittag**, die Nachmittage
die **Nacht**, die Nächte
der **Nagel**, die Nägel
die **Nahrung**
nämlich
der **Napf**, die Näpfe
das **Nest**, die Nester
nett, netter, am nettesten
neu, neuer, am neusten
nicht
der **November**

die **Nummer**, die Nummern
nun
nur
die **Nuss**, die Nüsse

Oo

der **Ochse**, die Ochsen
oder
oft, öfter
ohne
das **Ohr**, die Ohren
der **Ohrensessel**, die Ohrensessel
der **Ohrwurm**, die Ohrwürmer
der **Oktober**
der **Onkel**, die Onkel
der **Orang-Utan**, die Orang-Utans
das **Ostern**, die Ostern
der **Otter**, die Otter

Pp

paar
das **Paar**, die Paare
das **Paket**, die Pakete
der **Pantoffel**, die Pantoffeln
die **Pause**, die Pausen
das **Pferd**, die Pferde
die **Pflanze**, die Pflanzen
das **Pfund**, die Pfunde
die **Pfütze**, die Pfützen
der **Pilot**, die Piloten
die **Pilotin**, die Pilotinnen
die **Pinnwand**, die Pinnwände
der **Pirat**, die Piraten
platt, platter, am plattesten
plötzlich
die **Polizei**
die **Post**
die **Pusteblume**, die Pusteblumen
pusten, du pustest, er pustet
putzen, du putzt, er putzt

Qq

quaken, du quakst, er quakt
quieken, du quiekst, sie quiekt

Rr

das **Rad**, die Räder
der **Raum**, die Räume
rechts
das **Regal**, die Regale
das **Reh**, die Rehe
der **Reifen**, die Reifen
die **Reise**, die Reisen
reisen, du reist, sie reist
reißen, du reißt, er reißt
rennen, du rennst, er rennt
richtig, richtiger, am richtigsten

riesig, riesiger, am riesigsten
das **Rind**, die Rinder
rollen, du rollst, sie rollt
die **Rose**, die Rosen
rufen, du rufst, sie ruft
rund
rutschen, du rutschst, sie rutscht

S s

die **Sache**, die Sachen
sagen, du sagst, er sagt
der **Salat**, die Salate
der **Sand**
der **Sattel**, die Sättel
der **Satz**, die Sätze
sauber, sauberer, am saubersten
saufen, du säufst, sie säuft
das **Schaf**, die Schafe
der **Schatten**, die Schatten
schauen, du schaust, sie schaut
schief, schiefer, am schiefsten
schießen, du schießt, er schießt
der **Schimmel**, die Schimmel
schimpfen, du schimpfst, sie schimpft
schlafen, du schläfst, er schläft
schlank, schlanker, am schlanksten
schmal, schmaler, am schmalsten
der **Schnee**
schnell, schneller, am schnellsten
schnüffeln, du schnüffelst, er schnüffelt
schnuppern, du schnupperst, er schnuppert
schon
schön, schöner, am schönsten
schreiben, du schreibst, sie schreibt
schreien, du schreist, sie schreit
die **Schule**, die Schulen
die **Schulter**, die Schultern
schwach, schwächer, am schwächsten
schwer, schwerer, am schwersten
die **Schwester**, die Schwestern
schwingen, du schwingst, sie schwingt
der **See**, die Seen
sehen, du siehst, sie sieht
sehr
sein, du bist, sie ist
sein, seine
sich
sie
das **Sieb**, die Siebe
sind
singen, du singst, sie singt
sinken, du sinkst, er sinkt
sitzen, du sitzt, sie sitzt
so
sollen, du sollst, sie soll
der **Sommer**, die Sommer
die **Sonne**, die Sonnen
der **Sonntag**

	spannend, spannender, am spannendsten
der	**Spaß**, die Späße
	spät, später, am spätesten
der	**Specht**, die Spechte
der	**Spiegel**, die Spiegel
	spielen, du spielst, er spielt
	spinnen, du spinnst, er spinnt
	spitz, spitzer, am spitzesten
	sprechen, du sprichst, sie spricht
	springen, du springst, er springt
	spuken, du spukst, er spukt
die	**Stadt**, die Städte
	stark, stärker, am stärksten
	staunen, du staunst, sie staunt
	stehen, du stehst, er steht
	steigen, du steigst, sie steigt
der	**Stein**, die Steine
	stellen, du stellst, sie stellt
der	**Stern**, die Sterne
der	**Stier**, die Stiere
der	**Stift**, die Stifte
	still, stiller, am stillsten
die	**Stimme**, die Stimmen
	stinken, du stinkst, es stinkt
	stoßen, du stößt, er stößt
die	**Straße**, die Straßen
	streiten, du streitest, er streitet
der	**Stuhl**, die Stühle
	stumpf, stumpfer, am stumpfs-ten
die	**Stunde**, die Stunden
	suchen, du suchst, sie sucht
	summen, du summst, es summt
der	**Supermarkt**, die Supermärkte

Tt

der	**Tag**, die Tage
die	**Tasse**, die Tassen
die	**Tastatur**, die Tastaturen
die	**Tatze**, die Tatzen
	tauschen, du tauschst, sie tauscht
der	**Teller**, die Teller
der	**Text**, die Texte
das	**Tier**, die Tiere
	tierisch
der	**Tisch**, die Tische
der	**Titel**, die Titel
die	**Tochter**, die Töchter
	tollen, du tollst, er tollt
die	**Tomate**, die Tomaten
der	**Topf**, die Töpfe
der	**Traum**, die Träume
	traurig, trauriger, am traurigsten
	trillern, du trillerst, sie trillert
	trinken, du trinkst, es trinkt
	trompeten, du trompetest, er trompetet
	tun, du tust, er tut
die	**Tür**, die Türen

Uu

	über
die	**Uhr**, die Uhren
der	**Uhu**, die Uhus
	und

die **Unke**, die Unken
uns
unter
der **Urwald**, die Urwälder

V v

die **Vase**, die Vasen
der **Vater, die Väter**
verlaufen, sich verlaufen, du verläufst dich, er verläuft sich
das **Video**, die Videos
viel, viele
vier
der **Vogel**, die Vögel
vom
von
der **Vulkan**, die Vulkane

W w

die **Wade**, die Waden
die **Wahl**, die Wahlen
wählen, du wählst, sie wählt
der **Wald**, die Wälder
die **Wand**, die Wände
wann
warum
was
das **Wasser**
der **Wasserfloh**, die Wasserflöhe
der **Weg**, die Wege
das **Weibchen**, die Weibchen
das **Weihnachten**, die Weihnachten
weinen, du weinst, er weint
weit, weiter, am weitesten
die **Welle**, die Wellen
wenn
wer
werden, du wirst, sie wird
wie
wieder
wiehern, du wieherst, es wiehert
die **Wiese**, die Wiesen
wild, wilder, am wildesten
der **Wind, die Winde**
winken, du winkst, er winkt
der **Winter**, die Winter
winzig, winziger, am winzigsten
wir
wissen, du weißt, sie weiß
der **Wissenschaftler**, die Wissenschaftler
wo
die **Woche**, die Wochen
wohnen, du wohnst, er wohnt
die **Wohnung**, die Wohnungen
der **Wolf**, die Wölfe
wollen, du willst, er will
das **Wort**, die Wörter
das **Wörterbuch**, die Wörterbücher
die **Wurzel**, die Wurzeln
die **Wüste**, die Wüsten
wütend, wütender, am wütendsten

X x

das **Xylofon**, die Xylofone

Yy

der **Yak**, die Yaks

Zz

die **Zahl**, die Zahlen
zählen, du zählst, er zählt
zaubern, du zauberst, sie zaubert
das **Zebra**, die Zebras
zehn
zeigen, du zeigst, er zeigt
das **Zelt**, die Zelte
die **Ziege**, die Ziegen
ziemlich
zirpen, du zirpst, er zirpt
zu
der **Zug**, die Züge
zum
zusammen
zwei
die **Zwiebel**, die Zwiebeln
zwitschern, du zwitscherst, er zwitschert

Julia im Bad

S. 128

(Fortsetzung)

„Ich komme nie wieder raus“, ruft Julia.
Sie will im Badezimmer bleiben, bis sie verhungert und verdurstet ist oder bis sich die Eltern wieder vertragen.
Mama klopft an die Tür. „Bitte Julchen, sei so lieb und mach auf.“
Auch Papa steht vor der Tür. „Julia, sei vernünftig. Das hat doch keinen Sinn! Bitte mach die Tür auf!“
„Ihr mögt mich nicht mehr!“, ruft Julia von drinnen.
„Um mich kümmert ihr euch überhaupt nicht! Immer euer doofer Streit!
Ich komme nie wieder raus!“, ruft Julia.

Sie sitzt auf dem Badewannenrand.
Ganz lange sitzt sie da.
Es kommt ihr vor wie eine halbe Ewigkeit.
„Wäre ich doch nur in mein Zimmer gelaufen“, denkt sie.
„Hier im Bad ist es todlangweilig!
In meinem Zimmer könnte ich viel schöner verhungern und verdursten.
Ich könnte dabei lesen oder Kassette hören.
Aber hier? Hier stirbt man ja vor Langeweile!“ …
Sie fängt an, die Fliesen an der Wand zu zählen.
Bei Nummer 33 hat sie plötzlich eine Idee.

Sie macht das Fenster auf und klettert raus …
Julia läuft hinüber zur Terrassentür.

Heimlich schlüpft sie durch die offene Tür und setzt sich wieder an den Esstisch.

Sie sieht Papa an der Badezimmertür herumfummeln.
Er hat einen Schraubenzieher geholt.
Damit kann er die Tür leicht von außen aufmachen.

„Julia, wir kommen jetzt rein!“, hört sie Papa sagen.
Dann sind Mama und Papa auch schon drin.
„Du lieber Himmel, sie ist weg!“, rufen beide wie aus einem Munde.
„Julia, wo bist du?“, ruft Mama.

„Hier bin ich!“, meldet sich Julia vom Wohnzimmer aus.
Mama und Papa stehen da mit offenem Mund.
Wie hat sie das nur gemacht?
„Hast du gewusst, dass unsere Tochter eine Zauberin ist?“, fragt Papa schmunzelnd.
„Allerhöchstens geahnt“, sagt Mama.
Dann setzen sie sich zu Julia an den Tisch.

Die Spagetti sind inzwischen kalt.
„Ich mach die Soße noch mal warm“, sagt Papa.
Er steht auf und trägt den Topf in die Küche.
„Eine gute Idee“, sagt Mama.
Und zu Julia sagt sie: „Hab gar nicht gewusst, dass du zaubern kannst!“
„Kann ich auch nicht wirklich“, sagt Julia.
„Leider. Sonst würde ich ganz was anderes zaubern!“

Kapitel	Umgang mit Texten und Medien	Mündliches Sprachhandeln
Aus den Ferien zurück (4–19)	Nutzen von Lesestrategien: genau lesen, Textstellen finden **(6–8)**. Interpretieren: zu Handlungen, Personen, Gedanken Stellung nehmen **(6–9/13)**; einem Text einfache Informationen entnehmen **(12)**. Methoden-Training: Fragen stellen zum Text **(10/11)**.	Erzählendes Sprechen: sich über Sachen verständigen, etwas mitteilen oder erklären **(6/12)**. Sachbezogenes Sprechen: sich über Sachen verständigen; etwas erklären **(10)**. Demokratisches Miteinandersprechen: gemeinsam etwas planen; eigene Gefühle benennen, die anderer wahrnehmen und auf sie reagieren **(14)**. Regeln für das Sprechen und Zuhören entwickeln und beachten **(14/16)**.
Kreuz und quer durchs Abc (20–33)	Nutzen von Lesestrategien: handelnd mit Texten umgehen, sie bildlich darstellen **(22/23)**; in Szene setzen **(31)**. Interpretieren: Gedichte (auch auswendig) vortragen, Fragen beantworten **(24–26/29)**. Methoden-Training: Wörter erschließen **(26/27)**.	Erzählendes Sprechen: anderen Erlebnisse und Geschichten erzählen **(23/26/29)**. Sachbezogenes Sprechen über Wortbedeutungen **(26)**.
Treffpunkt Schule (34–53)	Nutzen von Lesestrategien: textbezogen antizipieren **(38/39/42)**; handelnd mit Texten umgehen **(36/40)**. Interpretieren: Gedicht (auch auswendig) vortragen **(51)**. Informierendes Lesen: einem Text einfache Informationen entnehmen **(36/44)**. Szenisches Spiel: etwas pantomimisch darstellen **(37)**; Gestik, Mimik und Stimmführung zur Unterstützung sprachlicher Aussagen einsetzen **(40)**. Methoden-Training: Rollenspiel **(40/41)**.	Appellierendes Sprechen: zu anderen sprechen, um sie zu etwas zu veranlassen, sie auffordern etwas zu tun, um Hilfe bitten, Mut machen **(44)**. Sachbezogenes Sprechen: Regeln zum Klassenvertrag im gemeinsamen Gespräch erarbeiten **(44)**. Demokratisches Miteinandersprechen: sich über die Hausaufgaben unterhalten **(40)**; gemeinsam etwas planen **(44/45)**.
Irgendwie anders (54–69)	Nutzen von Lesestrategien: Textinhalt mit eigenen Erfahrungen verbinden **(56/57)**; textbezogen antizipieren **(56–59)**. Informierendes Lesen: einem Text einfache Informationen entnehmen **(60/61)**; Texte miteinander vergleichen, genau lesen, Textstellen finden **(62)**. Methoden-Training: Textvergleich **(62/63)**.	Erzählendes Sprechen: eigene Gefühle benennen, die anderer wahrnehmen und auf sie reagieren **(56/57)**; eigene Ideen vorstellen und begründen **(59)**; Geschichten, Ereignisse, Vorgänge und Gefühle szenisch umsetzen **(65)**. Demokratisches Miteinandersprechen: soziale Konflikte planvoll lösen **(64)**.
Leseratten und Computermäuse (70–87)	Informierendes Lesen: aus Bildern und Texten Informationen entnehmen **(70–72)**. Nutzen von Medien; Computer nutzen, um Informationen einzuholen **(73)**; aus Texten Informationen entnehmen **(74–76)**. Interpretieren/Nutzen von Lesestrategien: Fragen zu einem Text beantworten; genau lesen, Textstellen finden **(78/79)**; Textrekonstruktion **(80)**. Methoden-Training: Text rekonstruieren **(80/81)**.	Erzählendes Sprechen: zu einem Bild anderen Erlebnisse erzählen; gezielt zuhören und nachfragen; andere zu Ende sprechen lassen **(70/71)**. Fragen sachbezogen formulieren und beantworten **(73)**; Gestik, Mimik und Stimmführung zur Unterstützung sprachlicher Aussagen einsetzen **(77)**. Sachbezogenes Sprechen: sich über Sachen verständigen; etwas mitteilen oder erklären, Informationen weitergeben **(79)**; eigene Ideen vorstellen und begründen; die Ideen anderer begründet annehmen bzw. ablehnen, gemeinsam etwas planen, sich eine Meinung bilden und sie äußern **(83)**.
Geisterstunde – Märchenzeit (88–103)	Nutzen von Lesestrategien: Textstellen finden **(90–92)**; Fragen zum Text stellen, textbezogen antizipieren **(92/93)**; zum Text malen **(90/91)**; Gedichte und Lieder, auch auswendig, vortragen **(91)**; Textsorte Märchen kennen lernen **(95–98)**. Methoden-Training: Malen zum Text **(96/97)**.	Erzählendes Sprechen: Erlebnisse und Geschichten anderen erzählen **(91)**; Erzählideen, Erzählfäden, sprachliche Mittel bewusst verwenden **(96/98)**.

Schriftliches Sprachhandeln	Rechtschreiben	Sprache reflektieren
Appellierendes Schreiben: Bitten, Wünsche, Aufforderungen und Vereinbarungen aufschreiben **(14)**. Sachbezogenes Schreiben **(13)**. Poetisches Schreiben **(13)**. Schreibprozess: Schreibideen finden und nutzen (Rätsel, Sachtexte, poetische Texte) **(13)**. Gestalten mit Medien: einfache mediale Gestaltungsmöglichkeiten und Präsentationen anwenden **(15)**.	Arbeitsmethoden eigenaktiven Rechtschreiblernens und -übens anwenden **(16–19)**. Methode: Richtig abschreiben **(18).** Lernwörter-Training **(19).**	Erste Einsichten in die Wortart Nomen (mit Artikel) gewinnen **(16/17)**, über Wörter und ihre Bedeutung nachdenken **(8)**.
Erzählendes Schreiben: Erlebnisse und Geschichten in Wörtern und Sätzen aufschreiben **(26)**. Poetisches Schreiben **(23)**.	Arbeitsmethoden eigenaktiven Rechtschreiblernens und -übens anwenden: das Abc auswendig lernen **(29)**, nach dem Abc ordnen, buchstabieren **(29)**. Methode: Partnerdiktat **(32)**. Lernwörter-Training **(33)**.	Reflexion des schriftlichen Sprachhandelns: erste Einsichten in Prinzipien der Wortbildung gewinnen, Unterschied zwischen Selbst- und Mitlauten, Bedeutung der Selbstlaute in der deutschen Sprache erkennen **(24–26)**.
Appellierendes Schreiben: Bitten, Wünsche, Aufforderungen und Vereinbarungen aufschreiben **(44/45)**. Sachbezogenes Schreiben **(42/45)**. Poetisches Schreiben: Geschichte weiterschreiben **(39)**. Alltägliches Schreiben: Pausentexte verfassen **(51)**. Gestalten mit Medien: Plakat erstellen **(44)**.	Nomen mit großem Anfangsbuchstaben schreiben **(46)**. Nomen in die Mehrzahl setzen, Besonderheiten der Mehrzahlbildung entdecken **(47)**. Sätze/Großschreibung, Punkte **(48/49)**. Arbeitsmethoden eigenaktiven Rechtschreiblernens und -übens anwenden **(46–53)**. Lernwörter-Training **(53).**	Nomen **(46/47)**, erste Einsichten gewinnen in den Satz als Einheit **(48/49)**.
Poetisches Schreiben: Fortgang eines Bilderbuchtextes schriftlich antizipieren **(57)**. Sachbezogenes Schreiben: Erlebnisse, Aufforderungen und Vereinbarungen aufschreiben **(65)**.	Methode: Nachschlagetechnik **(68)**. Methode: Abschreibheft **(69).** Lernwörter-Training **(69).**	Fragen **(66)**, Ausrufe/Aufforderungen **(67)**.
Sachbezogenes Schreiben: Zaubertricks kurz und verständlich schreiben **(77)**. Poetisches Schreiben: Schreibideen nutzen, Texte vorstellen und für eine Veröffentlichung gestalten, Texte mit Hilfe eines Schreibprogramms am Computer gestalten **(82)**.	Übungen zu Wortfeldern **(85)**. Übungen zur Nachschlagetechnik **(86)**. Lernwörter-Training **(87).**	Unbestimmte und bestimmte Artikel **(84)**.
Erzählendes Schreiben: Geschichten aufschreiben: zu fantastischen Wesen **(90)**, zu einem fantastischen Bild **(99)**, eigene Strophen zum Lied erfinden **(91)**. Poetisches Schreiben: Texte antizipieren **(92/96)**.	Rechtschreibstrategien entwickeln: Endmorphem/e in der Grundform bei Verben **(100)**, Abweichungen von der rein lautlich orientierten Schreibweise entdecken: st/sp **(102)**. Arbeitsmethoden eigenaktiven Rechtschreiblernens und -übens anwenden **(100–103)**. Lernwörter-Training **(103).**	Einführung der Wortart Verben **(100)**, Grundform von Verben **(101)**, Textwirkung reflektieren **(101)**.

Kapitel	Umgang mit Texten und Medien	Mündliches Sprachhandeln
Wunder der Natur – Wunder der Technik **(104–119)**	Nutzen von Lesestrategien: genau lesen; Textstellen finden (Textvergleich). Interpretieren: Textinhalte mit eigenen Erfahrungen verbinden **(106)**; handelnd mit Texten umgehen **(108)**; Gedichte, auch auswendig, vortragen **(108)**. Informierendes Lesen: einem Text einfache Informationen entnehmen **(110/113)**; kurze Anweisungen in Texten verstehen und danach handeln **(107)**. Nutzen von Medien: sich zu einem Thema nach eigenem Interesse in Medien orientieren **(116/117)**; textbezogen antizipieren **(114)**. Methoden-Training: Textergänzung **(108/109)**.	Erzählendes Sprechen: Erlebnisse und Geschichten anderen erzählen **(114)**. Sachbezogenes Sprechen: sich über Sachen verständigen; etwas erklären **(110/112/113/115)**.
Miteinander leben **(120–135)**	Nutzen von Lesestrategien/Interpretieren: Geschichte szenisch umsetzen **(122)**; Textinhalt interpretieren und eigene Bilder dazu entwickeln **(123)**; genau lesen, Textstellen finden **(126)**; Textteile antizipieren **(128)**. Informierendes Lesen: einem Text Informationen entnehmen und für einen eigenen Text nutzen **(130)**. Methoden-Training: Textteile antizipieren **(128/129)**.	Erzählendes Sprechen: zu Bildern und Texten anderen Erlebnisse erzählen; gezielt zuhören und nachfragen **(120/121)**, eigene Gefühle benennen und darstellen, die anderer wahrnehmen und auf sie reagieren **(124/125)**, eigene Ideen vorstellen und begründen; soziale Konflikte planvoll lösen**(131)**. Verhaltensweisen im Rollenspiel erproben; sich eine Meinung bilden und sie äußern **(131)**.
Mach mit – bleib fit **(136–151)**	Interpretieren/Nutzen von Lesestrategien: Textinhalt mit eigener Erfahrung verbinden und Vorstellungen zum Text entwickeln **(141–143)**; Textfortgang antizipieren und in einer Bildfolge darstellen **(138–141)**. Methoden-Training: Textgliederung **(144/145)**.	Erzählendes Sprechen: Textfortgang mit eigener Bildfolge als Erzählhilfe mündlich darstellen **(140)**, genau zuhören und Verstehensschwierigkeiten ausräumen, Textalternativen im szenischen Spiel erproben **(141)**. Demokratisches Miteinandersprechen: Planung eines Bewegungsfestes **(146/147)**.
www.tiere.de **(152–167)**	Nutzen von Lesestrategien: textbezogen antizipieren **(154–156)**; handelnd mit Texten umgehen: Weitergestalten eines Comics **(156)**. Informierendes Lesen: einem Text einfache Informationen entnehmen **(157–159)**. Nutzen von Medien: sich zu einem Thema nach eigenem Interesse in Medien orientieren **(157–159)**. Methoden-Training: Wortbedeutungen erschließen **(160/161)**.	Sachbezogenes Sprechen: sich über die Planung einer Beobachtungsstation verständigen **(163)**. Szenisches Spiel **(158)**.

Schriftliches Sprachhandeln	Rechtschreiben	Sprache reflektieren
Erzählendes Schreiben **(114)**. Sachbezogenes Schreiben: Klettverschlussrätsel schreiben **(113)**. Sachtexte zu einem Thema schreiben **(116)**. Texte für eine Veröffentlichung gestalten **(117)**. Schreibprozess: Schreibideen finden, Cluster als Möglichkeit kennen lernen **(116)**. Poetisches Schreiben **(114)**. Gestalten mit Medien: einfache mediale Gestaltungsmöglichkeiten und Präsentationen anwenden, Sachtexte, Versuche, Rätsel, Gedichte u. a. für die Präsentation in einer Infothek vorbereiten **(116/117)**.	Arbeitsmethoden eigenaktiven Rechtschreiblernens und -übens anwenden **(118)**. Abweichungen von der rein lautlich orientierten Schreibweise entdecken: G – D – B im Auslaut bei Nomen und Adjektiven **(118)**. Lernwörter-Training **(119).**	Wortbausteine **(119)**. Verlängern von Wörtern **(118)**. Reflexion des schriftlichen Sprachhandelns: Prinzip der Laut-Buchstaben-Zuordnung entdecken, G – D – B im Auslaut bei Nomen und Adjektiven **(118)**. erste Einsichten in Prinzipien der Wortbildung gewinnen **(119)**.
Poetisches Schreiben: Begegnung mit Sprache: ein englisches Bilderbuch nacherzählen **(124/125)**. Schreiben zu Bildern **(127)**. Fortgang eines Buchtextes schriftlich antizipieren **(128)**. Sachbezogenes Schreiben: Schreiben zur Selbstreflektion **(130)**.	Arbeitsmethoden eigenaktiven Rechtschreiblernens und -übens anwenden: Umlaute ä, äu **(134)**. Lernwörter-Training **(135).**	Adjektive – Gegensatzpaare **(132)**. Adjektive – Vergleichsformen **(133)**.
Schreibprozess: Schreibideen durch die Gestaltung einer Bildfolge und mündlichen Austausch finden **(140)**, poetisches Schreiben in Anlehnung an ein Bilderbuch **(138–140)**. Sachbezogenes Schreiben und Gestaltungsmöglichkeiten finden **(146/147)**.	Arbeitsmethoden eigenaktiven Rechtschreiblernens und -übens anwenden: Verben in verschiedenen Formen schreiben **(148)**. Abschreibübungen **(149)**. Methode: Schleichdiktat **(150).** Lernwörter-Training **(151).**	Über Wörter und ihre Bedeutung sprechen **(148)**. Verben in der Grundform und in konjugierter Form schreiben **(148)**. Aussagesätze erkennen und markieren **(151)**.
Appellierendes Schreiben: Schreiben zu Tierbildern **(165)**. Sachbezogenes Schreiben: Merkblatt erstellen **(163)**. Poetisches Schreiben: Comic weiterschreiben. Tiergedicht umgestalten; Schreiben zu Tierbildern **(156/165)**. Schreibprozess: Planen, Beraten und Überarbeiten **(156–165)**.	Arbeitsmethoden eigenaktiven Rechtschreiblernens und -übens anwenden: langer und kurzer Vokal **(166)**. Lernwörter-Training **(167).**	Reflexion des Umgangs mit Texten und Medien: Texte nach Textsorten unterscheiden **(165)**. Reflexion des mündlichen Sprachhandelns: über Wörter und ihre Bedeutung sprechen **(166)**. Reflexion des schriftlichen Sprachhandelns: eigene Texte auf Großschreibung von Nomen und Satzanfängen hin untersuchen **(165)**. Wortfamilien **(166/167)**.

Quellenverzeichnis

6–8: Gay, Marie-Louise: Sofie und das weite Meer. Aus: Gay, Marie-Louise: Sofie und das weite Meer. Hamburg: Carlsen Verlag 2000

10: Mai, Manfred: Besuch aus der Stadt. Aus: Mai, Manfred: 111 Minutengeschichten. Ravensburg: Ravensburger Buchverlag Otto Maier 1991

13: Bydlinski, Gerd: Der Stein. Aus: Überall und neben dir. Weinheim: Beltz & Gelberg 1986/1989
Huber, Ingrid: Wenn. Aus: Oder die Entdeckung der Welt. Hans-Joachim Gelberg (Hrsg.). Weinheim: Beltz & Gelberg 1999

21: Guggenmos, Josef: Das o und alle drei e. Aus: Guggenmos, Josef: Oh, Verzeihung sagte die Ameise. Weinheim: Beltz & Gelberg 1993

22/23: Seidemann, Maria: Wie ich das Abc der Tiere lernte. Aus: Erste Abc-Geschichten. Würzburg: Edition Bücherbär im Arena Verlag GmbH 2002

24: Ensikat, Peter u. Klaus: Am Anfang war das A. Aus: Das A steht vorn im Alphabet. Leipzig Lei-V-Buchhandels- u. Verlagsanstalt GmbH, 2. Auflage 1999

25: Andresen, Ute/Popp, Monika: Ein Igel geht. Aus: Abc und alles auf der Welt. Ravensburg: Ravensburger Buchverlag 1984
Mai, Manfred: So! Aus: Mai, Manfred: Ene mene muh. Ravensburg. Ravensburger Buchverlag 1997

26: Andresen, Ute/Popp, Monika: Enten, Esel, Elefanten … Aus: Abc und alles auf der Welt. Ravensburg: Ravensburger Buchverlag 1984
Ensikat, Peter u. Klaus: Iiih … Aus: Das A steht vorn im Alphabet. Leipzig: Lei-V-Buchhandels- u. Verlagsanstalt GmbH, 2. Auflage 1999
Ensikat, Peter u. Klaus: Wo … Aus: Das A steht vorn im Alphabet. Leipzig: Lei-V-Buchhandels- u. Verlagsanstalt GmbH, 2. Auflage 1999

30: Seidemann, Maria: Detektiv Blitz auf Buchstabenjagd. Aus: Erste Abc-Geschichten. Würzburg: Edition Bücherbär im Arena Verlag GmbH 2002

31: Lenzen, Hans Georg: Buchstabenspielereien, Herr Glamek buchstabiert. Aus: Lenzen, Hans Georg: Großer Ozean. Weinheim: Beltz & Gelberg 2000

35: Nahrgang, Frauke: Ohne mich. Aus: Lene und Peter. München: Deutscher Taschenbuch Verlag 1994

36/37: Falconer, Ian: Manege frei für Olivia. Aus: Falconer, Ian: Manege frei für Olivia. Hamburg: Verlag Friedrich Oetinger 2002

38/39: Knister: Hexe Lilli zaubert Hausaufgaben. Aus: Knister: Hexe Lilli zaubert Hausaufgaben. Würzburg: Benziger Edition im Arena Verlag 1992

40: Spitta, Gudrun: Immer diese Hausaufgaben. Aus: Geschichten über Julia. Stuttgart: Ernst Klett Grundschulverlag 2001 (1997)

42: Becker, Antoinette: Peter kann nicht lesen. Aus: Becker, Antoinette: Wir sind jetzt in der Schule. Ravensburg: Ravensburger Buchverlag Otto Maier 1985

43: Härtling, Peter: Sofie setzt sich auf ein Marmeladenbrot. Aus: Härtling, Peter: Sofie macht Geschichten. Weinheim: Beltz & Gelberg 1987, 1989
Härtling, Peter: Sofie muss aufs Klo. Aus: Härtling, Peter: Sofie macht Geschichten. Weinheim: Beltz Verlag 1987, 1989

45: Brandenberg, Aliki/Härtel, Susanne (Übersetzerin): Ein Wutanfall in vielen Worten. Aus: Gefühle sind wie Farben. New York: Greenwillow Books, William Morrow & Company Inc. 1984

51: Andresen, Ute/Popp, Monika: Singt der Gong … Aus: Abc und alles auf der Welt. Ravensburg: Ravensburger Verlag Otto Maier 1984

54/55: Zukowski, Rolf: Das eine Kind ist so, das andre Kind ist so. Aus: Liederbuch für die Klassen 1 bis 6. Klassenhits. 148 Lieder rund um die Schule. Hamburg: Musik für dich OHG 2000

56/57: Landström, Olof und Lena/Hacht, Silke (Übersetzerin): Nisse beim Friseur. Hamburg: Friedrich Oetinger Verlag 1992

58: Jäger, Diana: Die Lokomotivführerin. Aus: Spitta, Gudrun/Vach, Karin u. a.: Bedeutende Frauen und ungewöhnliche Männer. Ein Lexikon für Kinder. Seelze-Velber: Kallmeyersche Verlagsbuchhandlung 2002

59: Nahrgang, Frauke: Rennfahrer. Aus: Nahrgang, Frauke: Lene und Peter packen aus. München: Deutscher Taschenbuch Verlag 1994

62: Richter, Jutta: Für Simone. Aus: Der Sommer schmeckt wie Himbeereis. Bielefeld: Bertelsmann Verlag 1990
Blum, Lisa-Marie: Kemal. Aus: Das Flügelpferd. Gedichte für Groß und Klein. Hannover: Schroedel Verlag 1999

74/75: Knister: Die Sockensuchmaschine. Würzburg: Arena Verlag 1989

76: Knister: Hexe Lilli macht Zauberquatsch. Aus: Knister: Hexe Lilli macht Zauberquatsch. Würzburg: Benziger Edition im Arena Verlag 1994, S. 6–7

78: Janosch: Post für den Tiger. Aus: Janosch: Post für den Tiger. Weinheim: Beltz & Gelberg 1980

88: Guggenmos, Josef: Besetzt. Aus: Guggenmos, Josef: Ich will dir was verraten. Weinheim: Beltz & Gelberg 1992

89: Borchers, Elisabeth: Jahreszeiten. Aus: Großer Ozean. Weinheim: Beltz & Gelberg, Suhrkamp 2000

90: Moser, Erwin: Das Haus im Moor. Aus: Moser, Erwin: Fabulierbuch. Weinheim: Beltz & Gelberg 1989

91: Krekeler, Hermann: Im dunklen Haus. Aus: Vampire und Gespenster, Mitmachbuch für Gruselfreunde. Würzburg: Benziger Edition im Arena Verlag 1994
Text: **Schrader, Heide**/Melodie: **überliefert:** Heut ist Gespensterball. Aus: Mein Liederbuch. Berlin: Volk und Wissen Verlag 2000

92/93: Preuß, Gunter: Ein Gespenst zum Kranklachen. Aus: Gespenstergeschichten (Leselöwen). Bindlach: Loewe Verlag 1994, 2000

95: Gebrüder Grimm: Der Wolf und die sieben Geißlein. Aus: Die schönsten Märchen der Brüder Grimm. Bielefeld: C. Bertelsmann Verlag 1957, S. 25

96: Gebrüder Grimm: Der goldene Schlüssel. Aus: Kinder- und Hausmärchen. Köln: Buch und Zeit Verlagsgesellschaft GmbH Nr. 4511, 467
Andresen, Ute: Glocken dröhnen. Aus: Andresen, Ute: Versteh mich nicht so schnell. Weinheim/Berlin: Beltz Quadriga 1993

106/107: Moser, Erwin: Die Löwenzahnpost: Aus: Mein Baumhaus. Weinheim: Beltz & Gelberg 1985

108: Guggenmos, Josef: Verblühter Löwenzahn. Aus: Ein Elefant marschiert durchs Land. Recklinghausen: Georg Bitter Verlag 1968
Kunze, Reiner: Warum sind Löwenzahnblüten gelb? Aus: Der Löwe Leopold. Frankfurt a. M.: Fischer Verlag 1973

110: Taylor, Kim/Hummel, Barbara/Brucker, Gerd (Übersetzer): Libellen. Fliegen wie ein Hubschrauber. Aus: Guck mal … ganz schnell. Belitha Press Ltd. 1989

114: Murschetz, Luis: Der Maulwurf Grabowski. Aus: Murschetz, Luis: Der Maulwurf Grabowski. Zürich: Diogenes Verlag AG 1972

120: Ruck-Pauquèt, Gina: Hausspruch. Aus: Ruck-Pauquèt, Gina: Wunder Welt. Düsseldorf: Pädagogischer Verlag Schwenn 1989
Brender, Irmela: Wir. Aus: Fuhrmann, Joachim (Hrsg.): Gedichte für Anfänger. Reinbek: Rowohlt Taschenbuch Verlag 1980

121: Sommer-Bodenburg, Angela: Wenn meine Eltern streiten. Aus: Sommer-Bodenburg, Angela (Hrsg.): Ich lieb dich trotzdem immer. München: Deutscher Taschenbuch Verlag 2000
Bydlinski, Georg: Wann Freunde wichtig sind. Aus: Bydlinski, Georg: Der Mond heißt heute Michael. Freiburg: Herder Verlag 1981

122: Andresen, Ute: Die Panne. Aus: Mama findet alles. München: Deutscher Taschenbuch Verlag 1991

123: Andresen, Ute: Warum? – Darum? Aus: Papa im Getümmel. München: Deutscher Taschenbuch Verlag 1991

124/125: Cousins, Lucy: Za-Za's Baby Brother. Aus: Cousins, Lucy: Za-Za's Baby Brother. London: Walker Books Ltd.

126: Boehme, Julia: Küsse kann man nicht abwaschen. Aus: Freundschaftsgeschichten. Bindlach: Loewe Verlag 2001

128: Dietl, Erhard: Julia im Bad. Aus: Dietl, Erhard: Streitgeschichten (Leselöwen). Bindlach: Loewe Verlag 1998

130: Rettich, Margret: Das bin ich/Geschichten zum Nachdenken. Aus: Rettich, Margret: Lirum Larum Löffelstiel. Wer mich fragt, dem sag ich viel. Ravensburg: Ravensburger Buchverlag Otto Maier GmbH, 1995

136: Andresen, Ute: Wippe. Aus: Gefunden. Frankfurt: Diesterweg Verlag 1997
Gärtner, Hans: Fernsehstunde. Aus: Kinderwitze 4. Bindlach: Löwe Verlag 1994
Gelberg, Hans-Joachim (Hrsg.): Trampolin. Aus: Überall und neben dir. Weinheim: Beltz Verlag 1989

137: Cornelius, Britta: Zähneputzen. Aus: Mein Lesebuch: Peter-Pelikan-Schulbrief Nr. 8. Berlin: bsv 1981

138–140: Rahn, Sabine: Caroline hilft dem Mond. Aus: Rahn, Sabine: Caroline hilft dem Mond. Ravensburg: Ravensburger Buchverlag Otto Maier GmbH 2002

141: Ballinger, Erich: Die Sache mit dem Zahnweh. Aus: Noch schlimmer geht's immer. Wien: Ueberreuter Verlag 1994

142/143: Nöstlinger, Christine: Die Liebe auf dem Gips. Aus: Nöstlinger, Christine: Krankengeschichten vom Franz. Hamburg: Oetinger 1998

148: Brennholt, Stefanie/Klaubert, Katrin: Witze. Aus: Brennholt, Stefanie/Klaubert, Katrin: Gesundheit fördern im Unterricht. Berlin: Cornelsen Verlag 1999

152: Guggenmos, Josef: Wem tut kein Zahn weh. Aus: Guggenmos, Josef: Sonne, Mond und Luftballon. Weinheim: Beltz & Gelberg 1999

153: Ringelnatz, Joachim: Heimatlose. Aus: Die Wundertüte. Heinz-Jürgen Kliewer (Hrsg.). Ditzingen: Philipp Reclam jun. Verlag GmbH 1989
Moser, Erwin: Die Katze. Aus: Der neue Wünschelbaum: Gedichte für Kinder und ihre Erwachsenen. Georg Bydlinski (Hrsg.). Wien: Dachs Verlag GmbH 1999

154–156: Waechter, Philip: Die Geschichte meines Opas. Aus: Der bunte Hund Nr. 55. Weinheim: Beltz & Gelberg 1999

157/158: Boie, Kirsten: King-Kong, das Geheimschwein. Aus: Boie, Kirsten: King-Kong, Das Geheimschwein. Hamburg: Friedrich Oetinger Verlag 1996

160: Delafosse, Claude/Pérols, Sylvaine/Grafin Schönfeldt, Sybil (Übersetzerin): Die Maus. Mannheim: Bibliographisches Institut & F. A. Brockhaus AG

162/163: Burghardt, Heike/Greune, Rotraud: Lothar Länglich ist ein Regenwurm. Aus: Burghardt, Heike/Greune, Rotraud: Sachbuch-Geschichten. Berlin: Tivola Verlag 2001

164: Spohn, Jürgen: Manchmal. Aus: Christina Zurbrügg: Großer Ozean. Weinheim: Beltz & Gelberg 2000

168/169: Jatzek, Gerald: Die Zeit. Aus: Gelberg, Hans-Joachim (Hrsg.): Großer Ozean. Weinheim: Beltz & Gelberg 2000

170: Höfle, Helga: Peter sammelt die Zeit. Aus: Das gestreifte Krokodil. Recklinghausen: Georg Bitter Verlag 1971

171: Muth/Velthaus: Die Zeit vergeht. Aus: Klang, Reim, Rhythmus. Berlin: Hirschgraben 1981

172: Text: **Rechlin, Eva**/Melodie: **Lemmermann, Heinz:** Wenn die Sonne ihre Strahlen. Aus: Mein Liederbuch. Berlin: Volk und Wissen 2002

173: Kumpe, Michael: Kleine Erde. Aus: Überall und neben dir. Weinheim: Beltz Verlag 1989
Sichelschmidt, Gustav: Lustiger Mond. Aus: Sichelschmidt, Gustav: Die Wundertüte. Ditzingen: Philipp Reclam jun. 1989
174/175: Herbauts, Anne: Was macht der Mond in der Nacht? Aus: Herbauts, Anne: Was macht der Mond in der Nacht. Hamburg: Friedrich Oetinger Verlag 1999
176: Kaléko, Mascha: Der Frühling. Aus: Wie's auf dem Mond zugeht. Ostfildern: Thorbecke 1982
Guggenmos, Josef: Die Tulpe. Aus: Und mittendrin der freche Hans. Berlin: Cornelsen Verlag 1986
177: Guggenmos, Josef: Pick, pick. Aus: Guggenmos, Josef: Was denkt die Maus am Donnerstag? Recklinghausen: Georg Bitter Verlag 1985
Barff, Ursula/Burkhardt, Inge/Maier, Jutta: Küken im Ei. Aus: Das große farbige Bastelbuch für Kinder. Niederhausen: Falken Verlag 1991
178: Eykman, Karel: Ein Samenkorn. Aus: Eykman, Karel: Erzählbuch. Lahr: Verlag Ernst Kaufmann 1985
178/179: Carle, Eric: Nur ein kleines Samenkorn. Aus: Carle, Eric: Nur ein kleines Samenkorn. Hildesheim: Gerstenberg 1990
180: Bydlinski, Georg: Garten. Aus: Überall und neben dir. Weinheim: Beltz & Gelberg 1989
181: Fack, Ursula: Wolkengucken. Aus: Ich wünsche dir ein gutes Jahr. Kevelaer: Lahn-Verlag GmbH 1983
182/183: Landström, Olof und Lena: Nisse am Strand. Aus: Landström, Olof und Lena: Nisse am Strand. Hamburg: Friedrich Oetinger Verlag 1993, 2001
184: Bairlein, Sigrid/Junker, Christel/Reichgeld, Manfred: Woher hat der Drachen seinen Namen/ Achtung. Aus: Herbst in der Grundschule. München: Oldenbourg Verlag 1991
Hacks, Peter: Der Drachen. Aus: Herbst in der Grundschule. München: Oldenbourg Verlag 1991
185: Guggenmos, Josef: Der Wind geht ums Haus. Aus: Guggenmos, Josef: Sonne, Mond und Luftballon. Weinheim: Beltz & Gelberg 1984
Bairlein, Sigrid/Junker, Christel/Reichgeld, Manfred: Wir basteln ein Windrad. Aus: Herbst in der Grundschule. München: Oldenbourg Verlag 1991
186: Kunze, Reiner: Fast ein Gebet. Aus: Kunze, Reiner: Wohin der Schlaf sich schlafen legt. Gedichte für Kinder. Frankfurt a. M.: Fischer Verlag 1991
Willms, Wilhelm: Wir ehren das Brot. Aus: Willms, Wilhelm: Aus der Luft gegriffen. Kevelaer 1981
187: Halbfas, Hubertus: Martin. Aus: Halbfas, Hubertus: Religionsbuch für das 1. Schuljahr. Düsseldorf: Patmos Verlag 1987
Krenzer, Rolf/Janssens, Peter: Ein armer Mann. Aus: Kommt alle und seid froh. Telgte: Peter Janssens Musikverlag 1982
188: Pörsel, Ortfried: Wart nur! Aus: Pörsel, Ortfried: Ihr Kinderlein kommet. München: GGT 2400, Verlag Wilhelm Goldmann
Vogt, Petra: Knusper-Nüsse. Aus: Mücki und Max 10/93. Wiesbaden: Universum Verlagsanstalt 1993
189: Guggenmos, Josef: Weihnacht. Aus: Gefunden. Frankfurt: Diesterweg Verlag 1985
Guggenmos, Josef: Verkündigung. Aus: Und mittendrin der freche Hans. Berlin: Cornelsen 1987
190/191: Bartnitzky, Horst: In Bethlehem in jener Nacht. Aus: Jo. Jo 2. Berlin: Cornelsen 1996, S. 86–88
192: Guggenmos, Josef: Neujahrsnacht. Aus: Oh, Verzeihung sagte die Ameise. Weinheim: Beltz & Gelberg 1993
Guggenmos, Josef: Viele Blätter. Aus: Ich will dir was verraten. Weinheim: Beltz & Gelberg 1992
Baumann, Hans: Am 31. Februar. Aus: Gefunden. Frankfurt: Diesterweg Verlag 1997
193: Lindgren, Astrid: Lasse purzelt in den See. Aus: Lindgren, Astrid: Mehr von uns Kindern aus Bullerbü. Hamburg: Friedrich Oetinger Verlag 1988

Abbildungsnachweis

6–8: Abb. aus: Gay, Marie-Louise: Sofie und das weite Meer. Hamburg: Carlsen Verlag 2000
12: Foto: Wasser. MEV-Verlag Augsburg
36/37: Abb. aus: Falconer, Ian: Manege frei für Olivia. Hamburg: Verlag Friedrich Oetinger 2002
39: Knister: Hexe Lilli zaubert Hausaufgaben. Würzburg: Benziger Edition im Arena Verlag 1992
43: Härtling, Peter: Sofie macht Geschichten. Weinheim: Beltz & Gelberg, Cover
50: Miró, Joan: Bleu II 1961. © Successió Miró/ VG Bild-Kunst, Bonn 2003
56/57: Abb. aus: Landström, Olof und Lena: Nisse beim Friseur. Hamburg: Friedrich Oetinger Verlag 1992
59: Nahrgang, Frauke: Lene und Peter packen aus. München: Deutscher Taschenbuch Verlag 1994, Cover
60: Marc, Franz: Träumendes Pferd 1913
61: Miró, Joan: Der Vogel mit dem ruhigen Blick, die Flügel in Flammen. © Successió Miró/VG Bild-Kunst, Bonn 2003
Miró, Joan: Foto aus: Erben, Walter: Joan Miró. 1893–1983. Mensch und Werk. Köln: Benedikt Taschen Verlag 1992
73: Lindgren, Astrid: Website: www.stuttgart.de/chilias/literatur/aut_i-l/lindgren/potpouri.htm
74: Foto: Knister. Heribert Hillinger
75: Janosch: Website: www.little-tiger.de/biographie.htm.
78: Abb. aus: Janosch: Post für den Tiger. Weinheim: Beltz & Gelberg 1980
82: Wilhelm, Andreas: Alles über den Computer und das Internet. Ravensburg: Ravensburger Buchverlag Otto Maier GmbH 2002, Cover
Nöstlinger, Christine: Fernsehgeschichten vom Franz. Hamburg: Verlag Friedrich Oetinger 1994, Cover
Knister: Sockensuchmaschine. Würzburg: Arena Verlag 1989, Cover
99: Moser, Erwin: Bild ohne Titel. Aus: Moser, Erwin: Sultan Mudschi. Weinheim: Beltz & Gelberg
106: Moser, Erwin: Die Löwenzahnpost. Aus: Moser, Erwin: Mein Baumhaus. Weinheim: Beltz & Gelberg 1994
108: Foto: Pusteblume (Löwenzahn). Aus: Blumen – Bestimmen auf einen Blick. BLV Verlagsgesellschaft mbH München Wien Zürich 1992
Foto: Feuer Erde Wasser Luft. Donauwörth: Auer Verlag 2001
110: Taylor, Kim: Fotos: Libellen. Aus: Taylor, Kim: Guck mal ... ganz schnell. Belitha Press 1989
111: Foto: Hubschrauber. Mc Donnell, Douglas MD 900. Aus: Das große Buch der Technik. Faszination Wissen. Ein Standardwerk über Technik und ihre Anwendung. Eaglemoss Publications Ltd. 1995
112: Foto: Klette. Aus: Blumen – Bestimmen auf einen Blick. BLV Verlagsgesellschaft mbH München Wien Zürich 1992
113: Foto: Klettverschluss. Foto Studio Köpcke, Buxtehude
114: Abb. aus: Murschetz, Luis: Der Maulwurf Grabowski. Zürich: Diogenes Verlag AG 1972
115: Foto: Maulwurf aus: Faszination Tier und Natur, Bd. I. München: Meister Verlag
Fotos: Bagger. Foto Studio Köpcke, Buxtehude
124/125: Abb. aus: Cousins, Lucy: Za-Za's Baby Brother. Aus: Cousins, Lucy: Za-Za's Baby Brother. London: Walker Books Ltd.
127: Haring, Keith: Pop Shop Quad I. New York
Haring, Keith: Foto aus: Ich wünschte, ich müsste nicht schlafen! München: Prestel Verlag 1997
128: Dietl, Erhard: Leselöwen – Streitgeschichten. Bindlach: Loewe Verlag, Cover
135: Fotos: Foto Studio Köpcke, Buxtehude
138–140: Abb. aus: Rahn, Sabine: Caroline hilft dem Mond. Ravensburg: Ravensburger Buchverlag Otto Maier GmbH 2002
154–156: Waechter, Philip: Die Geschichte meines Opas. Abb. aus: Der bunte Hund Nr. 55. Weinheim: Beltz & Gelberg 1999
158: Boie, Kirsten: King Kong, das Geheimschwein. Aus: Boie, Kirsten: King Kong, das Geheimschwein. Hamburg: Verlag Friedrich Oetinger 1996, Cover
159: Schanz, Ulrike: Fotos: Meerschweinchen. Aus: GU – Tierratgeber. München: Gräfe und Unzer Verlag 2002
162/163: Abb. aus: Burghardt, Heike/Greune, Rotraut: Lothar Länglich ist ein Regenwurm. Aus: Burghardt, Heike/Greune, Rotraut: Sachbuch-Geschichten. Lothar Länglich ist ein Regenwurm. Berlin: Tivola Verlag 2001, Cover
165: Scott, Carey/Lutz, Ulrike: Foto: Katze. Aus: Kleine Katzen. London: Dorling Kindersley Ltd. 1997/Deutsch: München: Herold Verlag
Foto: Wellensittiche. Jörg und Petra Wegner, Deutsches Jugendherbergswerk, Detmold
Foto: Meerschweinchen. Aus: GU-Tierratgeber. München: Gräfe und Unzer Verlag 2002
Foto: Hund. MEV-Verlag Augsburg
168/169: Münter, Gabriele: Murnau im Mai, 1924, Sommer (Haus mit Apfelbaum), 1908, Herbstliche Landstraße, 1910, Murnauer Moos, 1946. © VG Bild-Kunst, Bonn 2003
174/175: Abb. aus: Herbauts, Anne: Was macht der Mond in der Nacht? Hamburg: Friedrich Oetinger Verlag 1999
178/179: Abb. aus: Carle, Eric: Nur ein kleines Samenkorn. Hildesheim: Gerstenberg 1990
180/181: Abb. aus: Brandenberg, Aliki: Garten. Aus: Gefühle sind wie Farben. New York: Greenwillow Books, William Morrow & Company Inc. 1984
182/183: Abb. aus: Landström, Olof und Lena: Nisse am Strand. Hamburg: Friedrich Oetinger Verlag 1993, 2001
186: Van Gogh, Vincent: Weizenfeld mit Blick auf Arles, 1888
189: Frind, Rita: Geburt Jesu. Aus: Die Bibel. Quadflieg, Josef (Hrsg.). Düsseldorf: Patmos Verlag 1995

Inhalt

Gedruckt auf umweltbewusst gefertigtem, chlorfrei gebleichtem
und alterungsbeständigem Papier.

1. Auflage. 2003
Nach der Neuregelung der deutschen Rechtschreibung

Umschlaggestaltung: Friederike Großekettler
Gesamtherstellung: Ludwig Auer GmbH, Donauwörth
ISBN 3-403-0**3759**-2

Merk-Kleckse

Wörter, die Personen, Dinge, Tiere und Pflanzen bezeichnen, nennt man **Nomen**.

Nomen schreibt man mit einem **großen Anfangsbuchstaben**.

Nomen können einen Artikel haben.
Die Artikel heißen der die das ein eine.

Viele **Nomen** gibt es in der Einzahl und in der Mehrzahl.

Wörter, die sagen, was geschieht oder was man tut, heißen **Verben**.

Verben können ihre Form verändern.

In der **Grundform** werden **Verben** immer mit **n** oder **en** am Ende geschrieben.

Adjektive beschreiben, wie etwas ist.

Zu vielen **Adjektiven** gibt es Wörter, die das **Gegenteil** sagen.

Die meisten **Adjektive** lassen sich **steigern**.